思想觀念的帶動者

文化現象的觀察者

本土經驗的整理者

生命故事的關懷者

心靈工坊 PsyGarden

STORY

在奔馳的想像中尋找情感的歸屬
在迷離的經驗中仰望生命的出口
在波動的人性中釐定掙扎的路徑
在卑微的靈魂中趨近深處的起落

夢，沉睡的療癒力

從解夢到自我追尋

李香盈 著

有些覺醒，必須在入睡以後才能發生。

推薦序一

揭開心理諮商／治療的神祕面紗

修慧蘭／諮商心理師公會全國聯合會 副理事長

香盈的《夢，沉睡的療癒力：從解夢到自我追尋》是她第二本有關解夢的書。本書的特殊之處在於以一個看似生活順遂的女主角作爲主角，由於開始對生活、對人際感到平庸、迷惘，甚至生活變得混亂起來。在因緣際會下接觸到解夢，主角開始經歷了解夢及改變的過程。

個人覺得香盈的文字非常流暢易讀，又有著主角的故事軸線可以吸引讀者，因而讓讀者可以很輕鬆地從心理學／心理治療的角度了解「解夢」的過程，且書中也提供一些具體的練習方法，讓讀者可以自助方式幫助自己。這樣的書籍正是近來社會大衆所需要的！

二〇一六、二〇一七年幾家書店的年度暢銷書排行榜中，有好幾本暢銷書的作者身分均爲諮商心理師。個人認爲此現象可能反應了幾個狀態：一是諮商心理師已走出晤談室，嘗試用不一樣的方式幫助人；二則也可能是目前非常多人對於忙亂、紛雜的人際關係與社會感到疲累甚至「厭世」，因此才使得相關議題的書籍常登暢銷書排行榜。作者們希望讓讀者學習如何在這些紛亂中找回自己的掌控力，而香盈的這本書也具有這樣的功能與目的。

常有民衆好奇地問我：「就這樣和心理師說說話，就有效嗎？他又沒告訴我該怎麼做，我的問題就能解決嗎？」國內外針對心理諮商／治療的效果都做過非常多的研究，結果都已肯定心理諮商／治療的效果，而心理諮商／治療的目的或效果有很多方面，包含減少已經有的不適應症狀，例如失眠、或憂鬱、無望等負向情緒，或退縮／衝動等行爲，也包含產生新的行動，例如開始運動、用不同的話語與他人溝通互動等。但在改變過程中，很重要的是需要與心理師建立一個安全與信任的專業關係，在此關係下漸漸面對、觸及並願意揭露自己已理解但不願讓人看到的感受、想法；或平時可能連自己都未意識到的感受或想法等，這個過程有人稱爲自我覺察、自我成長，也有人稱爲頓悟。

在此又有一個常見的問題：「覺察或頓悟了，問題就解決了嗎？」這個問題的答案就比較複雜了。有些狀況的確還需要個人不斷進行具體的練習，例如每天進行放鬆、呼吸練習；將新的、有助自己的想法或行動寫在卡片上，隨時提醒自己並做出新的行爲。但有些狀況或人，的確在有此覺察或頓悟後，原有「問題或煩惱」已變成「不是問題或煩惱」了，因此自然也就有不同的面對跟行動方式。

香盈這本書除了可以協助讀者面對紛亂的生活外，也是在介紹心理諮商中的一種幫助個人自我覺察與自我改變的方式與過程。非常期待這本書對讀者有所助益，若因此讓大衆更認識諮商心理師、更認識心理諮商是怎麼一回事，或願意接近及使用這樣的心理健康服務方式，那就要感謝香盈對諮商心理界的貢獻了！

推薦序二

夢獸養成計畫

陳文玲／政治大學廣告系教授、X學院@創意實驗室尋獸師

過去十二年，我和一群人在台北盆地南緣遊牧創作。在學校送交教育部或科技部的計畫書裡，這個半學半玩的空間叫做「創意實驗室」，但在我們的主觀認知裡，創意實驗室更像一座動物園，這座動物園沒有藩籬、不擅教化，而是提供瀕臨蛻變且非變不可的獸們一個中途之家、暫棲之所。

來到這裡的時候，有些動物還年幼，眼神天真，涉世未深，儘管未必服氣，還是被指派擔任「學生」；有些動物年紀稍長，雖經歷練，仍欠琢磨，如果符合受過傷但堅持不肯丟掉夢的唯一條件，就會被指派擔任「老師」。這本書的作者李香盈就是後者，她堅持不肯丟掉的那個

「夢」，正是你我每晚平均花八十分鐘、每週平均花九小時、每年平均花二十二天、一生平均花五年做的那些個或抒情、或驚心、或綿密、或澎湃，如同史詩般的夜晚之夢。

相遇那年，香盈剛辭去工作，一心追夢，回頭看，是她生命中一段必要之困頓時光。我還記得她平日拘謹有禮貌的模樣，但是，來到創意實驗室，對我們說起夢與自我覺醒，她的眼睛發亮、言語鏗鏘、肢體輕盈，宛如一頭靈巧之獸。香盈在《夢，沉睡的療癒力：從解夢到自我追尋》裡提起動物，她說：「動物最接近夢者的眞性情，是最天然、最難掩飾、最眞實的部分，有時候也最接近本我的需求……又或者是『本能、天賦、潛能』，在社會化的過程中，不能夠好好發展的部分，因此仍潛伏於潛意識中。」我猜想，之所以受邀寫序，大概是因爲在創意實驗室開設一學期「夢工作坊」的經驗，爲香盈這趟活出內在夢獸、發揮天賦潛能的英雌之旅搭建了一處暫時遮蔽所。

然而，如果沒有現實，創造力就沒有寓居之處，夢的永久遮蔽所，其實是沉睡。那個初識時拘謹有禮貌的香盈，就跟這本書裡的主角、現實中的你我一樣，在成爲自己想成爲的那個人（或獸）的路上，不自覺順著社會化的河流沉沉入睡，然後做夢，然後醒來。大部分的人會說：「我睡太熟，所以沒有做夢！」或者「好像有夢，但是我不記得了。」其實多半是意識的自我還不願意接納內在睡著的狀態，還不想面對精神世界對物質世界下的戰帖，以及還找不到方法兌現夜晚之夢送給白日現實的禮物。這一連串的「不」必然讓人無法承受，然而，那些感覺不舒服但還是願意忍受推擠碰撞的，譬如書裡的主角與現實中的香盈，就可以有意識地突破意識自我的過度保護，有意識地導引來自無意識的創造能量，用以建立自信，修補關係，用心的角度覺察自己與世界，成為自己想成為的那個人（或獸），出版這本叫做《夢，沉睡的療癒力：從解夢到自我追尋》的書。

「有些覺醒，必須在入睡以後才能發生。」香盈如是說。現代人欠缺好眠，連帶著拖累了好醒。從今天起，備好紙筆，穩妥上床，這本書，就是夢的創意實驗室，足以成為你我往內尋獸，邊學邊玩，展開夢獸養成計畫的中途之家、暫棲之所。

推薦語

夢，是頑皮又神祕的智慧老人，老是跟你玩猜謎遊戲；

夢，也是潛意識寄來的密碼情書。

學會解碼，就可以贏得彩蛋。

看完這本書，迫不及待要來自己解夢了。

莊慧秋／文字工作者、心靈寫作課程講師

作者序

夢，是追尋自我的管道

從小我就是個每天都會記得夢境的人。大學時期我首次聽見「夢境是通往潛意識的大道」，感覺到一股神祕的力量而興奮著。可惜當年極少有老師講授關於夢境探索的課程，即使閱讀了佛洛伊德的《夢的解析》，我卻連一知半解也稱不上。但是政治大學心理學系課程的洗禮，提升了我自我覺察與反思的能力，讓我多次由自己的夢境中受到啓發與頓悟，我開始陸續記錄夢境。

在政治大學心理學研究所時期，我拜讀了美國的夢學研究者、心理學博士蓋兒．戴蘭妮（Gayle Delaney）的《你是做夢大師：孵夢．解夢．活用夢》、《解夢，也是一種力量：如何透過「新時代」的解夢技巧，來自我療癒和成長？》兩本書之後，大為驚豔，深受其中用詳細探詢的晤談方式、逐步發掘夢境的象徵意義所吸引。我開始做大量的自我分析，之後陸續加上各心理學派的精華，應用在工作中，包括：佛洛伊德認為夢境是潛意識偽裝後的欲望的呈現、夢境素材的來源、欲望與焦慮、心理防衛機轉等；榮格提出每個人內在會有陰影面、原型（偶爾我會感受到集體潛意識或無意識的神祕力量，但是此部分我還無法明確說明）；完形學派探索夢的方式是親身體驗的扮演方式，也時常被我運用在解夢團體中；歐曼讀夢團體原理的他人投射，偶爾也會被我借用來協助突破學員的內在防衛機制；另外我會加上藝術的媒材，因爲藝術與創作是自我表達媒材，可以宣洩情緒、放鬆理性防衛；自由書寫則是一種安靜的心靈對話，時常開啓許多自我接納的序幕。此外，我也喜歡持續構想各式各樣的解夢素材與途徑，例如：回到大自然中找答案、持續孵夢、用人物寫作創作的方式來突破防衛、用圖卡來投射或探詢等等。

開始心理師的實務工作後，累積至今十餘年的經驗，我見證到許多因爲探索潛意識夢境或進行深入諮商，而決定起身改變自己、追尋自我的人們。但是改變過程相當不容易，要走出舒適圈、不斷地反思自己、重複調整與他人的關係、面對身邊的人的反對等等，並且會遇到許多現實環境的限制與阻礙（經濟、家人、工作等等）。每當有人向我反應「這是學院派的例子，一般人無法追尋自我」時，我總感到深深惋惜。因爲，還沒啓程之前，你甚至都不知道自己可以長成什麼樣子，不知道自己可以走得多遠、多豐盛！「追尋自我、自我成長」從來不是一種結果，而是轉變的過程。

探索夢境是我每天獨處的時光，我也持續將解析夢境後的頓悟，實踐在生活的改變中，緩慢地移動與享受。我不需要成就非凡，也能成爲獨特的自己，希望夜晚的夢境智慧，能夠在白天被廣泛運用。心理學衆多大師與前輩們的貢獻，讓我有機會站在巨人的肩膀上，一窺夢境的奧妙與療癒力，我深深感恩，也知道人類尚未將夢境完全洞悉。我會持續沉浸在解夢的領域中，也期許自己能夠將解夢的力量與途徑傳遞出去，並且視之爲自己的天賦使命。

目錄

前言

每個平凡的人，都有不平凡的故事。

你是多麼地努力，才讓自己好好地長成現在的樣子？

你是多麼地退讓、修修剪剪才讓自己符合社會期待的樣子？

我沒有寫出這個主角的名字，因爲她的名字可能是任何一個人。她是根據好幾個眞實故事集合起來的擬眞創作。

你可能曾在她的不安、壓抑、自我懷疑中，看見自己的一部分；也可能在她的感動、勇敢、成長中，回憶起某個生命片刻。

回到深層的潛意識裡，我們其實沒有那麼不同。我們都時常做發財夢、害怕不被認同、恐懼不被愛、有時會迷失自己、想做出改變卻又擔憂犯錯、想掙脫現狀卻不被他人支持……

而我們的潛能與力量，也一直都沉睡在潛意識中。但是除非你願意思考自己想要什麼，並且相信自己有能力、有權利去追求，否則待在原地，人生不會自動改變。

我與主角一起哭哭笑笑了兩年，換過許多咖啡店的角落，一個人感動或悲傷地流淚。一次又一次，每次都給我不同的醒悟和勇氣。這個故事，是我整理十幾年來解析夢境的經驗，也是想要呈現給讀者的禮物，期盼你也從中體驗到夢境的力量，享受自我覺醒的漫長旅途。

有一種旅程，除非你身歷其境走一遭，否則再多照片佐證，都只是看圖說故事。這也是我選擇讓情緒敏感的她，用第一人稱，細膩地從頭描述故事、敘說心情緩慢變化的原因。

你準備好爲自己啓程了嗎？

第一章／與解夢相遇

我盯著一張參展海報，看了很久。

這是我平庸日子中，唯一特別的事情。

那個收藏在心中的名字，就這樣出現了。冰封多年的故事，無預警地從心底深處跳了出來。

我以爲那個我死了。現在卻又從墳墓爬出來。

只是一個名字，只是他的作品來台灣參展而已——「椅之舞：木工流線的新時代」。怎麼就喚起排山倒海的回憶？

胸口重重疼痛著。

直到我提著購物袋的右手麻掉了，才驚覺自己出神已久，趕緊快步離開。

我相信只是掀起一陣短暫的漣漪，只要我繼續埋進主婦的日常瑣碎裡，很快就會平息的。我甚至刻意想起今天最倒楣的事——那主管的嘴臉。

「妳到底有沒有心工作啊？做了十幾年還會出錯？公務員不是來混退休的，就是有妳這樣的工作態度，我們才會被詬病，然後福利一直被砍。妳再這麼混的話，我看下個年度就輪調妳到市政府部門，磨練磨練好了。」

主管那該死的奸笑，宣告著我被抓到把柄，準備在職場上當替死鬼。

還不是爲了混口飯吃。

晚上，好不容易弄完所有家事，和兒子奮戰了一番，終於關掉他的電動，趕他去睡覺，卻換成老公在打電動，但是我懶得管了，直接回房去。想滑滑手機、隨手翻翻書，讓自己轉移一下莫名的沉重感，沒想到，卻被書中的一句話打中，疼痛翻攪得更劇烈。

「你喜歡現在的生活嗎？」

我像是關掉鬼片一樣，用力闔上書，開著小燈睡覺。

星空下，男孩溫柔說著。

「妳知道，可以跟夢境許願嗎？」

這天，是女孩的畢業典禮。他等她畢業，等了一年，期待著兩個人可以一起去美國深造學習，或許，還可以闖出一片天來。

「眞的嗎？」女孩看著眼前這個學長，總是可以帶給自己無限的驚喜。他有著藝術家的浪漫氣質，風度翩翩又溫柔體貼的形象，總是收服許多少女的心。

「嗯，就像跟宇宙下訂單一樣，夢境會悄悄地實現妳的願望。終於，我們的夢想也要起飛了。」

「其實，我……」女孩低下頭，眼中的亮光熄滅了。「我考上公務員了。」

「什麼意思？」

「我想留在台灣，早點開始工作，因爲我家裡現在急需要錢……」

「妳不去美國了？妳要放棄做設計？妳知道這個機會多難得？妳怎麼……」男孩氣到發抖，

他簡直不敢相信，這理由比起「我愛上別人了」還更讓人無法接受。因爲你輸給的，甚至不是個「人」。

「妳爲了一個領死薪水的鐵飯碗，要放棄一切？」男孩激動地抓著女孩的手臂，用銳利的眼神盯著她：「這值得讓妳放棄我們的感情嗎？」

女孩緩緩地低下頭，不發一語。

男孩懂了，他賭氣地鬆開手，默默地離開。再也沒有回來過。

眼淚無聲無息地蒸發在夜空。

這麼多年過去了，每當想起這個回憶，胸口還是揪成一團。我曾經是當年那個故事中的女孩。現在，卻已經是一個孩子的媽，十二年資歷的公務員。

當我們從學校畢業後，就好像把自己從童話世界裡終結掉，一路摔到現實生活中。再痛，也回不去了。

除非哪天，上天讓我中了樂透。我相信這一切問題都會解決了。

夢境眞的可以許願嗎？

「夢境啊，拜託讓我變有錢吧，透露些發財的指示給我。」

「夢裡，有個穿著金色衣服的女子向我走來，手裡還拿著一片長形葉子。」

我成功了！昨晚我向夢境許願後，果然就出現了這個夢境。

太美妙了。

記得民間有此一說——金色是大吉，可以預知財位運勢。所以我一早就傳訊息給老友，記得她還在國內時曾說上過解夢老師的課，解析得很準確。我跟她要了工作室的地址。

我懷著期待的心情出門，愈想愈開心！曾經聽過有人夢到明牌而中大獎的傳聞，好羨慕啊。

我常常忍不住幻想，如果中了頭彩，就可以辭掉無聊的工作，去做我喜歡的事情，買房子、環遊世界、完成夢想之類的。

我沉浸在自己的幻想中，根本沒有認眞看朋友的訊息講了什麼，只記得她一直強調這個解夢師和一般算命不一樣，是用慢慢探索的方式。

但是只要解夢師很「靈驗」，管他用什麼方式，對我來說沒有差別吧。

終於到了解夢工作室，擺設很簡單，可能想走自然風卻太隨性，有些輕音樂還不錯，但是讓我聯想到要做精油SPA。沒有想像中神祕的感覺，甚至連個薄紗或水晶球都沒有。管他的，只要不是江湖騙子就好。

突然伸出一隻有力的手，抓著我的手臂。

「記住，第一個問題最重要。」

「什麼？」我嚇了一跳，這個抓住我手臂的女性，年過五十卻有某種氣質的餘韻，穿著打扮得體且有個人品味，眼神充滿自信卻帶點偏執。很像是會練瑜珈或禪坐的那種人。

「呃，對不起，妳剛剛說什麼？什麼第一個問題？」

「就是待會妳進去後，解夢師問妳的第一個問題，是最重要的。妳可要想清楚了，再回答啊。」

「喔？好……」這氛圍讓我困惑了，把我的興奮澆熄了一半。我來求解夢，應該是我提問才對啊，怎麼會是要我謹慎地回答呢？

我略帶不安走進夢境諮詢室。也因此，我坐下後並不急著開口，滿腦子想著「第一個問題會是什麼啊？」

解夢師溫和的笑容，讓我安心了許多，但是她一開口，卻是鏗鏘有力地問著。

「妳今天為什麼來解夢？」

「啥？什麼？」

「意思是說，妳希望解了夢境之後，對妳有什麼幫助？或者可以獲得什麼？」

「喔，這個……」我當然希望可以讓我變有錢，但是，要說出口又感覺太膚淺，但是不說的話，會不會隔靴搔癢，不痛不癢？

加上剛剛那位大姊的提醒，讓我猶豫著該怎麼回答。

「這個問題很重要，會關係到妳的夢境是否可以解析出來。」

「什麼？這麼嚴重。」我決定橫豎都要試一試，但是仍然要修飾一下，畢竟，我有個老毛病，總是擔心別人的看法。

「嗯，我想知道這個夢境是否給我什麼指示。」

「指示？關於哪方面？」

「什麼方面都可以。」我故作輕鬆地笑了笑。

解夢師點點頭，示意我可以開始說夢境了。

我鬆了一口氣，像是通過了第一關考試。

我將夢境說了一遍，她聽完後若有所思地說：「妳的夢境聽起來很有能量，的確是要指引妳心靈的方向。」

我迫不急待地問：「對啊！網路上說『金色』是大吉，而『葉子』有可能是神明的指示，這是真的嗎？是跟財運有關嗎？」

「哇！」解夢師聽完我的連環發問，深吸一口氣，身子往後靠著椅背：「原來，妳已經設定好這個指示要跟『財運』有關了。」

「所以，並不是『運財』嗎？」我有點不安。

「嗯，我使用的是心理學的探索方式，透過夢境來做自我心靈成長的。不是算命，也無法鐵口直斷。」

我這時候才注意到她身後的牆壁上掛著「心理師」的證照。

「可是『探索』和『算命』有什麼不同？心理學不是也可以一眼看穿別人內心嗎？」我渴求解夢師趕快告訴我答案。

解夢師笑笑地說：「『算命是重視答案，探索是重視過程』。心理學是一門研究人類心理的科學，我們會依循一些原則來幫人做探索，例如我們發現夢境是來自潛意識，了解夢境，就可以一窺潛意識世界。就如同佛洛伊德所說：『夢境是通往潛意識的大道』。」

好耶！

「夢境是潛意識世界」這種神祕感就對了。

我趕緊接著問：「那了解潛意識的世界，就可以預知未來運勢嗎？」

「妳爲什麼這麼想知道未來運勢？」

「大家不都是這樣嗎？知道未來運勢，才知道現在該怎麼做。」

解夢師繼續追問著：「所以說穿了，是因爲不知道『現在』該怎麼做，才會冀望預知『未來』？」

「嗯，有一點。」

「所以重點其實是想要知道如何改變『現在』。」

「好像也對。」

「妳可以想像潛意識像個智慧長者，他要幫助我們『藉由深層理解自己，而知道如何改變現在，就有機會改寫未來。』因此，就算夢境預知未來狀態，目的也是要幫助現在的妳。」解夢師繼續解釋著。

「怎麼幫？」我覺得很困惑，奇怪？解夢怎麼跟我想的不一樣。

解夢師：「愈了解潛意識，愈能解開內在壓抑或矛盾的心結，也能釋放更多能量和天賦。」

聽見「能量」我又開心了起來，感覺是好兆頭。

「聽起來很棒啊！那要怎樣解開？我想要獲得更多能量。」

解夢師笑了一笑：「這些夢境裡的象徵意義，是要靠自己慢慢體會的，我只是運用一些方式幫助妳探索。過程有點像是我問一些重要的問題，但是答案必須要妳自己誠實說出來。然後我幫助妳整合這些回答的內容，讓妳獲得一些領悟。」

我開始覺得有點被耍了，如果我知道答案，還需要來找解夢師嗎？

但就算心裡有點嘀咕，還是忍不住好奇：「那要問什麼樣的問題？」

解夢師說著：「從夢境本身開始慢慢地、詳細地問，包括場景、人物、物品、對話……等等，每個部分都要問妳『聯想到什麼？』、『對妳的意義是什麼？』……等等。最後，順著劇情把意義內容串起來。」

「然後呢？」其實我心中想說的是：問這麼多到底要幹嘛？

「假想這是一部意義深遠、帶有啓發性的故事，思考自己領悟到了什麼？這部分，通常也需要許多的引導。」解夢師仍然從容不迫地解釋著。

「喔……」我逐漸失去耐心了。這跟我原本期待的完全不同，我希望有鐵口直斷或預知未來的答案啊，至少，也要帶點跟財運相關的指示吧。

看來我無法擺脫無聊的工作了。

解夢師似乎察覺到我的不耐：「看來妳還沒有準備好要探索夢境。」

「我……」

「這樣吧，等妳準備好要探索自己的深層內在，也願意有耐心又誠實的回答一大堆問題時，再來找我吧。」

我現在只想趕快離開就好：「好的，謝謝妳。」

也許是發覺我太過失望，解夢師突然又給了一顆糖：「不過，我可以先給妳一個方向。通常夢中的人物——尤其是不認識卻又在夢境擔任重要角色的人，幾乎都是自己內心的一部分。」

聽到這個我眼睛又亮了：「妳是說，那個女子有可能是我？」但是同時我也很困惑。「可是，爲什麼會有這樣的現象？這是所謂的人格分裂嗎？」

解夢師笑了笑：「當然不是人格分裂，比較像是一種『內心戲』，需要有不同的角色來演出妳心中不同部分的互動。例如，最常被拿來比喻內在戰爭的就是『魔鬼與天使』的對話，心中的魔鬼是自己，天使也是自己，兩個角色的對話和關係，就是我們的內在掙扎。妳不會因此就說，這樣是人格分裂吧？」

「哦，我有點懂了。但是爲什麼需要有這樣的角色？」其實我還寧願那是神明託夢，感覺比較厲害些。

解夢師：「通常是妳自己努力不要表現出來的部分。也許是妳厭惡的自己、或者壓抑的自己。」

這金色女子是我壓抑的？如果我有這麼厲害的部分，我還求之不得呢。

於是我更加疑惑地問：「可是，如果她是好的，我幹嘛壓抑？」

「這就要問妳自己了。有時候即使是好的角色，但是表現出來可能會有其他壞處。或者，還有一種可能……。」

解夢師停頓了一下，特別放慢速度說：「就是妳對自己沒有信心，根本不相信自己可以長出這個部分——我們也稱之爲『潛能』。」

「哦——」雖然聽起來比較有趣了，但其實我仍然相當困惑。難道她是在暗示我什麼？

走出夢境諮詢室，那雙手已經在等我了。我彷彿是某種暈眩的小動物，總是會掉進捕獸夾裡。

「很困惑對不對？」大姊抓著我的手，急切又興奮地問著。

「嗯……」我得承認，再次被大姊嚇到了。

「這時候就需要參加入門課程啦，我當初就是從這個課開始的，最適合像妳這樣的人。」

「我這樣的人？」

「對啊，就是想要解夢，但是又不懂心理學探索夢境的人啊。」

大姊突然壓低聲音，神祕又謹慎地說：「如果妳領略到夢境探索後的境界，然後照著做，人生就會有——咻——旋風般的改變。」她邊說邊誇張地用手臂畫弧線。

「旋風般的改變？」

「好啦，就這樣了。如果有緣份，我們就會再見面啦。」大姊揮揮衣袖，彷彿早就設定好對話到此爲止。

她把課程介紹塞到我手中，然後就轉身繼續閱讀了。我這才發現，這空間裡有許多靜靜地閱讀或書寫的人們，他們實在太安靜了，幾乎沒有存在感。

回家途中，我不斷嘀咕著，像個奧客一樣地抱怨著。

「心理學果然是喜歡把簡單的問題複雜化。解夢師也眞是的，幹嘛要這麼堅持不直接講答案呢？一直賣關子讓我愈聽愈多問號。」

「還有啊，怎麼不用研究出來的結果，給我們一些解答就好了。靠自己探索真的會比較好嗎？」

「知道了自己的潛意識又如何？會比較快樂嗎？還不是沒辦法解決現實的問題……」

我仍然期待著可以像鐵口直斷那樣，令人嘖嘖稱奇、有趣又有盼望就好。

雖然如此，我還是上網報名了單堂課程。畢竟，所謂旋風般的改變，我還滿好奇的。

一走進課堂，就立刻被投影幕上的標題吸引了。

「象徵意義的入門款——繪本的世界」

「你／妳曾經唸繪本給小孩聽嗎？」解夢師省略了所有官方的開場白，直接對著所有人這樣開場。我很開心是這樣淺顯的開場，兒子小的時候，我幾乎每天都唸繪本給他聽。

「如果有個孩子拿著一本關於『噴火恐龍』的繪本來請你唸，故事是說有一隻恐龍很愛生氣，牠每次一開口就會噴火，燒到許多東西和周圍的人，所以很多朋友都不敢接近牠，牠覺得很孤單……這樣的故事，你會告訴小孩什麼？」

解夢師一面說，一面繼續播放投影內容。

1. 「你拿這個繪本代表明天會有壞事發生？」↓預言派
2. 「現代沒有恐龍了，這只是個故事。」↓務實派
3. 「恐龍生氣噴火，就像是我們發脾氣的時候，可能會傷害到周圍的人或物品。」↓象徵意義派

「這跟我們的解夢探索一樣，我們不問這個夢的『吉凶預言』，當然也不算命；我們也不說『只是個夢，只是前一天剛好看見了什麼』的務實解釋。我們要做的是『夢境的象徵意義探索』。」

太棒了。我得承認這個繪本的比喻還滿妙的。我幾乎秒懂了象徵意義的意思了。

兒子小時候也很喜歡看繪本，繪本會把一些抽象的元素（例如：壞脾氣），用具體的方式表現出來（例如：恐龍噴火），所以兒子很快就懂了，壞脾氣就像恐龍噴火一樣，傷人傷己。

所以解夢師的意思應該是說，夢境也是用很多的比喻的方式，來表達抽象的含意。

她繼續說：「說完故事後，你是不是會問孩子『聽完這個故事，你學到了什麼？』這就是我們一直強調的，夢境用象徵的方式，呈現各種內在狀態，目的是要我們體會寓意，了解更深層的自己，或釐清糾結的人生狀態。」

哎呀。似乎我們在潛意識面前，就像是無知的孩子一樣，需要靠類似繪本的比喻，才能讓我們體解更難、更艱深的道理呢。

「好了，如果以上的比喻你聽懂了，現在，我們準備打開潛意識的進化版繪本——夢境。但是，如果你還是聽不懂，找個繪本來體會一下吧。」解夢師打趣地說。

聽眾隱約透出三三兩兩的笑聲。

接著投影幕上出現這個標題。

「夢境——潛意識創作的藝術品」

解夢師說：「你可以想像，夢境就是我們內心的潛意識，根據自己『壓抑』的情緒、情結、議題等等，所創作出來的藝術品。

可能是一件件的靜態雕刻，陳列展示著；

可能是進化版繪本，再添加些奇幻元素；

也可能像一部得獎電影一樣，劇情很難懂，沒有邏輯可言。」

藝術品？

這個曾經跟我很熟悉的世界，卻令我不敢多想。

這些年來，我偶爾還是會去看藝術主題的展覽，但大部分時候必須帶著兒子，就只能看卡通展；而跟著先生一起出門的話，就是3C展或動漫展了。

也許我也害怕看見那個熟悉的名字。

就像前幾天，我看見那張參展海報，到現在我都不敢再接近那個展場，甚至會刻意繞遠路走。

比起掉進回憶的泥沼中，慢慢被無助溺死，也許我總是選擇淹沒在忙碌中，麻痺靈魂的渴求。

「老師，妳一說得獎電影，我就明白了。的確跟夢境一樣，常常『有看沒有懂』。爲什麼會這樣呢？老師妳可不可以解釋清楚一點。」聽眾中傳來了一個回應，把我的思緒拉回了現場。

說話的女士感覺是很主動積極的那種人，我坐在最後一排，只能從眾多人的隙縫中觀察背影。她穿著很時尚，任憑一條出色的絲巾，從頭頂自然的盤旋到肩頸，順道也遮掩了半邊臉龐，透露出有自信卻有距離的感覺。身材微胖，從背影看不出年紀，只有聲音是熟悉的，甚至讓我想起遠在國外的知己，我好多年沒有見到她了。也許是我太想念她，也許是獨立且有成就的女性，都有這樣類似的語調吧。

我就暫且稱她做絲巾女士吧。

解夢師笑一笑，似乎已經習慣了這些提問：「關鍵就在於每個物件、環節的『象徵意義』，如果妳懂了『創作者——潛意識』的用意，找出每個環節的象徵意義，那才有可能心領神會出一番滋味，也是深層理解潛意識的機會。」

「這些『象徵意義』是相當『個人的』，需要慢慢探索，沒有絕對的通則，也沒有捷徑。要找象徵意義通常有幾種方式，常用的是：

A. 描述特質／名詞解釋。
B. 尋找特殊性／意義性。
C. 與自己的關聯／相似性。

D. 相關回憶。

E. 自由聯想。」

「那我可以提供一個夢境，讓老師幫我解一下嗎？順便更熟悉這些探索方式。」這位絲巾女士可眞會把握機會啊。不過這讓我更有精神了。

「可以，不過我得先說明。探索過程中有可能會回想起過去經驗，也可能激起一些情緒。因爲剛剛提過，夢境中所有一切安排的物件，都是根據潛意識所『壓抑』的情緒、情結、議題等等，所創作出來的。」

「壓抑」？

解夢師特別重音強烈了這個詞，不禁讓我想道：「我內心有壓抑什麼嗎？」腦中突然閃過剛剛浮現的那些回憶，關於藝術品、學長、參展……等等。這些算是「壓抑」嗎？可是我還是有想到啊，我並沒有忘記，只是不想面對而已，或者說，面對了又如何，改變得了什麼嗎？

「老師，妳放心。不管帶出什麼部分，嚇不到我的。」絲巾女士聽起來信心滿滿。

「是啊，很多人都覺得已經很了解自己，不過有趣的地方就在這，通常妳只是隱約知道壓抑的主題是什麼，但是卻不清楚內容。就像是妳知道一部鬼片很恐怖，但是如果妳沒眞正看過，妳就不知道究竟內容哪裡恐怖？有多恐怖？」

「那可以開始了嗎？」絲巾女士顧不得什麼鬼片的比喻。「我夢見我坐在辦公室，有個商業對手突然闖進來，炫耀她現在和我以前喜歡的人在一起，可是卻突然被一個瘋子殺死了，血流如注。我很緊張想要打119救她，可是一直不順利，手機打不通、又找不到出口。後來那個瘋子也想要殺我，我躲在辦公桌下，突然就了解到他是美國派來的，這邊我也不知道爲什麼。最後我被手術刀射中，胸口很痛，就醒來了。」

聽到著個夢境我有點失望，似乎是很普通的劇情，可能就是工作壓力太大吧？這種夢境需要解嗎？

「讓我問問大家，這裡出現了幾個人？」解夢師說。

聽衆們七嘴八舌。

「自己。」

「商業對手。」

「瘋子也算一個嗎？」

「對。總共三個人。但是通常夢者自己不需要解析，因為就是本人。夢中的自己通常處於一種，介於帶有些現實意識層面，卻又身處在潛意識環境中的自我狀態。所以有時候會想要用符合現實的方式來回應，例如在夢中想要打119，但是有時候又會有不符合現實的反應，例如剛剛說的『突然就了解到他是美國派來的』。」

「哦。原來如此。夢中的自己算是一半一半囉，像是帶著現實感站在潛意識環境中。」絲巾女士回應。

「對。而且人物的解析通常最難。有很多的例外或附加條件，通常也仰賴解夢經驗。從我的經驗中，可以將人物大致從關係的親疏遠近區分為：

(1) 重要他人（家人、伴侶、照顧者、生命中重要的人等等）。
(2) 認識或認得，但不是重要他人。
(3) 不認識也不認得。
(4) 一群人。
(5) 路人。

並且，各自對應的方向是：

(1) 重要他人↓象徵與此人的糾結關係、深層議題，或者象徵自己特質的一部分。
(2) 認識或認得，但不是重要他人↓象徵自己被壓抑的特質、狀態，或某種議題。
(3) 不認識也不認得↓被否認的潛意識狀態，通常大好或大壞，可能是無法接受的自己，或是還沒被自己發掘的內在潛能。

⑷一群人↓代表社會價值觀、他人的眼光，或是內在防衛機制的干擾。

⑸路人↓可能是身體細胞的微意識，通常無須特別關注。但是若有特殊劇情，也可能是反應身體的健康狀態。」

「請問剛剛的夢中，另外兩個人物屬於哪一種？」

「商業對手應該是第二種，認識或認得，但不是重要他人。瘋子應該是第三種，不認識也不認得。天啊，所以他們該不會都是我自己的一部分吧？」絲巾女士似乎有些驚慌失措了。

「沒錯。所以我們來探索這兩個角色分別代表什麼意義，和自己內在有什麼關聯性。請問，這個商業對手的特殊性或意義性是什麼？例如，她和其他對手不同之處、在妳的生活中有什麼特別的意義、角色等等？」

「她就是最近突然出現的，一個很強的競爭對手，把我以往的大訂單都搶走了，這是和其他對手都不一樣的地方。我覺得很生氣，但是更多的是擔心。」

「擔心什麼？」

「**擔心她會讓我的事業走下坡**，這些年來我好不容易鞏固了自己的名氣和地位的。」

「所以這位商業對手帶出的議題是妳在職場上的成就需求和焦慮，那請妳描述這個商業對手的特質是什麼？其中和妳相關聯的部分是什麼？包括與妳相似的特質、有關的回憶、妳想要的、妳討厭的……等等，任何有相關的部分。」

「她是那種很有自信，很有天賦的人，有點驕傲。和我相關的部分就是：我也是有自信、有點驕傲的人，但是，我覺得自己的天賦不夠，我常常很羨慕那些天賦很強的人。」

「只是羨慕嗎？妳夢中的強度很強烈耶，妳派瘋子殺了她。」

「好啦，我承認是羨慕加嫉妒。不過，老師妳說我派瘋子殺了她？這是什麼意思？我沒有派啊，那個瘋子就這樣出現了，而且是美國叫來的。」

「記住，夢裡的一切，都是我們自己安排的。包括出現不好的角色、不好的劇情，也都是我們的潛意識有這樣的欲望，或者狀態，所以才出現。這也符合佛洛伊德說的：『夢境是偽裝後的潛意識欲望。』但是，我要強調根據解夢經驗，我認為所謂的欲望，不是單指性方面的欲望，而是所有被壓抑的欲望。」

「老師，可是夢中主角也同時很著急要打119耶，那主角究竟是想要殺掉嫉妒的對象？還是想要救她？」另一個勤做筆記的聽眾，忍不住加入討論。

「都是。所以才糾結。夢中主角的反應，就是剛剛所說的帶有現實意識的自己。所以她在道德感的驅使下，會想要救嫉妒的對象，但是請問潛意識安排她救到了嗎？」

「沒有耶……」聽眾一陣驚呼。

「是的。所以意識的道德層面想要解救嫉妒的對象，但是潛意識卻想要殺了她，並且阻止拯救行動。因此，這個瘋子的角色象徵意義就很明顯了。」

「就是我的嫉妒，對嗎？」絲巾女士說著。

「是的。但是妳除了嫉妒她的天賦以外，還有另一個重要的線索——她同時搶了妳以前喜歡的對象？也就是感情方面的嫉妒，這部分，曾經發生這樣的事情嗎？或是讓妳聯想到什麼？」

「最近沒有耶。我的感情也沒有特別的變化。如果要說曾經發生的話，那也是遙遠的學生時代，我早就不在意了。」

「但是當時是很在意的？」

「對，的確曾經有個同學。我覺得她很有天賦，又跟我喜歡的人在一起。可是都是過去的事情了。」

「有時候我們以為事件本身過去了，但是那種感受卻被我們壓抑下來，成為潛意識的未竟事宜。」

「意思是說，我已經不在意那件事情，但是那種輸家的感覺還在？」

「對，而且會因爲最近的商業對手出現，重新引發過去的未竟事議題，有點像是連帶爆出以前深埋的未爆彈一樣。這是每個人都會有的現象。」

我陷入一陣沉思，感覺到人類的潛意識眞是奧妙。但是也莫名地令人不安，到底我們還埋了多少的未爆彈？

解夢師繼續說：「另外，妳的夢境還有另一個關鍵點。那個瘋子是『美國』派來的？也就是說爲什麼妳的嫉妒如此強烈，是和『美國』這個線索有關。請妳就『美國』做自由聯想，任何想到的事情都可以說，先不用管對錯，因為妳的心會告訴妳。」

「美國。就是強國啊，很霸道。然後，跟我有關的回憶是……之前會嫉妒能夠去美國深造的人，還有……我的姊姊，去美國當醫生了。她從小成績就比我好，考上醫學院，又到美國當醫生。我……」絲巾女士難得聲音呈現黯淡無光，我可以想像她現在很落寞。

「所以姊姊，也是妳嫉妒的對象吧。手足競爭其實是成長過程中常見的議題，但是總讓人很焦慮。」解夢師這樣說著，絲巾女士沉默著沒有回應。

「啊！老師，這會不會也是劇情最後，主角被『手術刀』刺中的原因。她被姊姊的醫生身分刺中，所以心痛著。」那個認眞的聽眾興奮地講著大發現，但是我猜想絲巾女士不喜歡這個發現。

解夢師解釋道：「對了一半。我們可以順著劇情，將剛剛探索出來的個人象徵意義帶進去，再看一次夢境，大家就會更清楚了。我會用第一人稱來陳述。」解夢師停頓了一下，確定大家都跟上了。

「我夢見我坐在辦公室，有個商業對手（**代表有天賦、自信、驕傲，可能會打敗我的人**），突然闖進來，炫耀她現在和我以前喜歡的人在一起（**引發我的嫉妒議題**），可是卻突然被一個瘋子（**代表我的瘋狂嫉妒**）殺死了，血流如注。我很緊張想要打119救她（**意識的現實焦慮**），可是一直不順利，手機打不通、又找不到出口（**潛意識的矛盾**）。後來那個瘋子（**瘋狂嫉妒**）也想要殺我，我躲在辦公桌下，突然就了解到他是美國派來的（**嫉妒的源頭是由手足競爭引發的**），這邊我也不知道爲什麼。最後我被手術刀射中，胸口很痛（**被手足的身分地位刺到心痛**），就醒來了。」

「哇……」我聽得瞠目結舌，太神奇的過程了。出現的意義跟原本表面的劇情差很多。

「所以，更貼切的說，夢者其實是被自己的嫉妒刺中的，而這個嫉妒是由手足競爭所引發的。並且，這個嫉妒會有想要毀了嫉妒對象的欲望，然後終究也會傷了自己。」

解夢師轉向絲巾女士，繼續說道：「所以這個夢境可能是要讓妳有所領悟，關於與姊姊手足的糾結議題，會讓妳產生自卑感，嫉妒那些妳覺得比自己優秀的人，並且想要毀掉或贏過他們。但是沉溺在這樣的議題中，最終傷害到的是自己。」

絲巾女士：「嗯……。以前我的確曾經對一位我嫉妒的朋友落井下石，這些年來，只要聽見她過得不好，我總是隱約覺得懊悔，想幫她但又不知道怎麼幫，感覺很不好受。老師，我該怎麼辦呢？」

「其實，妳要相信她也會有自己的能力和責任。比起煩惱怎麼幫助她，倒是妳要先幫幫妳自己，問問自己內心，怎麼做會讓妳覺得更自在，不會被嫉妒的議題給綁架了。不然，妳這次幫了她，下次嫉妒又跑出來，還是會傷害關係的。解決的源頭，都在自己。」

嫉妒手足啊。每個人都有嗎？但如果我本來就覺得自己不如哥哥和妹妹，那還有嫉妒的議題嗎？

「探索夢境後帶出的深層議題，通常是無法立刻找到解決方式的，但是不要心急，重點是我們看見了自己之後，要如何真實地面對自己、接納自己，然後更自在地生活。」解夢師做了結語。

我承認這個解夢課程很有趣，也引起我的興趣了，不自覺地一直猛抄筆記。但我還是不知道怎麼解自己的夢境。而且，我的生活太忙碌了，全職工作加上家庭主婦的角色，讓我無法再奢侈的繼續上課。

很快地，我又淹沒在日常生活中。

日常生活

6:00

鬧鐘響了，我無意識地按掉鬧鐘。

又是平凡無奇一天的開始。

我不需要清醒，也可以熟練地準備早餐，招呼先生和兒子出門，然後收拾碗盤、清潔家裡，趕在上班前到市場買菜，這樣下班後回家，才來得及煮晚餐。

這些似乎已經變成每天設定好的流程，或者是某種不會更改的常規。頂多偶爾我想要喝杯咖啡，會到便利商店尋找有優惠或便宜的項目，以免心中因為花錢享受而有不安。畢竟，我們想要存到房屋頭期款的目標還沒達成，並且有孩子要養。

我選擇結婚的對象，雖然不是什麼大人物，也不懂婚姻經營或親子教養，但至少心是向著家的，幾乎每天都回家吃飯。而且認眞工作，還是人人稱羨的工程師，只是個性過於憨厚老實，不懂得邀功勞繼續往上爬。

但是，這樣已經強過許多人的老公了。

雖然有時候，我會想著「如果他可以稍微專心聽我說話，或者每天多跟我聊幾句話、多一點的互動，那我就很開心了。」大部分時間，我們把每天的生活當作例行公事、各司其職，並沒有太多的互動或談話。通常他很晚下班，而且他最喜歡的休閒娛樂是打電動，這點我們沒有共通處。

不過，婚姻不就是這樣嗎？沒有什麼好，但是也沒有不好。

同事面前還要假裝更好、更閃，但是知己之間，就會傾倒滿腹牢騷。

不過抱怨歸抱怨，日子還是得過。既然選擇了某條路，人們就會更說服自己走下去，因為回頭的代價，總是兩倍的路程。

偶爾，我會佇立在城市的街頭，覺得彷彿迷失了自己。看著流竄的人群和疾行的車輛，每一個灰色小黑點，都像我——忙碌、盲目又麻痺。

生活沒有多不如意，卻也稱不上快樂。

當年，我替自己安排了一條安全又牢靠的道路，如今卻像跟旅遊團一樣，看的風景都相同，每年拍出大同小異的照片。

畢業，工作，結婚，生子，退休，死亡。

隱約有股空虛感，但抱怨卻又顯得不知足。

想起前幾天的那本小說，當中有一句話：

「你喜歡現在的生活嗎？」

我心中是一陣慌張。這問題，我不敢想，更不敢回答。

小時候，我總是愛在夜裡，抬頭看著滿天星星。想像有顆星在等著我長大，等著我像它一樣發出光芒。所以難過的時候、孤單的時候，我總是抬頭看。

相信總有一天，我能追求到我想要的生活。

學生時代，我常常幻想自己會進大公司，會小有成就，會有屬於自己的辦公室。還幻想會找到理想的對象，被捧在手心呵護，有個乖巧懂事的孩子，共組甜蜜互動的家庭生活。

但十幾年過去了，當初幻想中的年紀早已經過了，卻發現自己過著從沒料想到的平庸日子。

原來，幻想變成現實的過程，是不斷地妥協和麻痺自己。

有時候連停下腳步的時間都沒有。但又有時候，我懷疑是自己根本不敢停下來，就像我不敢回答那個問題一樣。

「你喜歡現在的生活嗎？」萬一我不喜歡呢？該怎麼辦？

更可怕的是，

萬一我仍然想念他呢？

這天真的是Blue Monday！市場休市一天，家中的食物庫存又不夠，逼得我非去大賣場不可了。

我匆匆把車開進賣場的地下停車場，開始熟練地採購，這熟練的動作我究竟做了多少年呢？從開始穩定的公務員工作算起，也有十二年了。有時候我甚至懷疑，是這樣僵化的動作讓我從有腦變成無腦的。

頂多今天有些不同的是，賣場那面牆多了一大塊連身鏡，映照著一個不起眼的婦人。

那是我，不起眼的我。

微胖，中等身材，生完孩子而享有的凸肚子和臃腫屁股。臉色黯沉偏黃，外加一些沒有遮掩的斑點，髮型和穿著更是昭告天下，我是個在意殺價勝過門面的婦女。

正當我看著鏡子感嘆時，一位年輕、修長、打扮合宜的美麗女子從我身邊經過。安靜地嘲笑著這幅畫面。

我趕緊移開視線，盯著我推車中的冷凍豬腳看，努力地將策畫晚餐當作人生中了不起的事情來處理，成功轉移了注意力和自卑感。

也許，人生中有些眞相，不需要看得太清楚，否則被感傷的氛圍淹沒又能如何？生活還是得過下去。

帶著冷凍豬腳，回家吧。

其實我討厭賣場，尤其是提著大包小包鑽入又黑又悶的停車場時，總讓我煩躁。雪上加霜的是，今日電梯維修。

這下可好了，爲了趕上班，我得提著兩大袋重物沿著樓梯往下快走，一層又一層，我心中抱怨著賣場，想著下次不要一大早來受罪。

咦？地下停車場有這麼遠嗎？

平常坐電梯沒幾秒鐘，提著重物卻像是走了十幾層樓，而且太早了，只有我一個人，光線愈來愈暗，我心中有些慌：「難道走錯了？」

終於，在長廊的盡頭看見了微光。我加快腳步走過去。但是這長廊比感覺中還漫長，而且年久失修，牆面有些斑駁甚至漏水。腳步聲交雜著漏水聲，迴盪在黑暗裡，形成詭異的低喃。老實說我很害怕。

終於，我跑到了盡頭，推開一扇寫著「出口」的門，門後卻仍然是一片黑暗。前面還有一扇門，看起來老舊許多，上面寫著「入口」。是停車場的入口嗎？

我連忙推入。

這是哪裡？人都到哪裡去了？

霧濛濛的看不清楚，零星的幾台車，但是都不是我的，大部分看起來很老舊，似乎很久沒有人開了。其中一輛外型很像是小時候父親的車，但顏色不是他偏愛的傳統銀灰，而是我討厭的大紅色。

這未免也太巧合，把我「討厭的大紅色」直接漆在父親的車上了。因爲我的確很討厭那輛車，充滿了爭吵和不自由的回憶。

但是此時我沒有心情享受這個小詼諧。因爲我恐怕是繞到廢棄的停車場了。

突然有個男子衝出來，發瘋似的要搶走我的物品，瞬間主婦的本能是想要保護財產的，但不久後我就尖叫逃走了，身後傳來他把物品倒出來砸爛的聲響。

我拚命地逃。

「天啊，這年頭瘋子眞多。我要趕快離開這裡！」

我不知道怎麼離開停車場的，也還無法形容我在哪裡。

四周仍是霧霾一片。「今天的霾害指數太誇張了吧？」

沒有任何可以辨識的東西，但是我感覺到我人在外面，隱約中有幾樣物品，卻看不清楚。

直到其中一樣物品逐漸清晰，我很自然地靠過去。

是一個皮革製的方形箱子。嗯，更精確的說，並不是眞的方形，應該說是弧線長形的。

這……好眼熟。

好像是個精緻的小提琴盒。

小提琴啊。

我曾經練了很久的小提琴，一開始是父母要求我學的，小時候覺得很苦，但是後來卻逐漸愛上那纖細淒美的音色。每當我心情複雜，我會拉小提琴，藉著旋律和擺動想像自己翩翩起舞，用畫面和配樂來敘說心情。

我甚至幻想過成爲音樂家，在舞台上，灰濛的光線中我無法辨識觀衆，但是最亮眼的聚光燈卻在我身上，我的每個細微動作都創造出感人的音符，撫慰每一個迷失的心靈。

但是美夢很快就醒了，上大學後，父母說我的小提琴表現一直不出色，又對以後找工作沒有幫助，不要再浪費學習，所以我停了下來。

當時，我自我安慰地說：「沒關係，我還是可以把音樂當成休閒，陶冶性情。」但是，我多久沒碰了？

自從結婚生子後就沒再碰過了。

「好懷念啊。」

我伸出手想要打開它，但是當我一觸碰到皮革外表，就傳出類似哭泣的聲音，好似在控訴些什麼，令人有些不寒而慄。

打開一看。

全部都是蛆蟲！

天啊，多噁心！我嚇得退後好幾步。重溫舊夢的心情，轉爲嚇出一身冷汗的驚駭。華麗完整的皮革小提琴盒，怎麼會裡面長滿蛆蟲？

這是誰的小提琴盒？怎麼會這麼粗心，看了眞替小提琴覺得不值得。主婦的心態此時也立刻出現：「太浪費了！」

我向後退了好幾步，跌坐在一顆大石頭上，試著平復自己的心情。

好幾次的深呼吸後，我慢慢平靜了下來。雖然捨不得小提琴，但是更不敢看著它荒廢長蛆的噁心狀態。我低頭盯著石頭。

我發現這顆石頭很大，算是平整，上頭布滿了不規則的青苔。它彷彿很安靜，很認份的待在這任憑日月風霜的摧殘，從不更動。

坐在石頭上，可以平靜地待上一個世紀。

我用手輕摸石頭表面，似乎想要安撫它的苦衷，卻意外地發現石頭中有個裂縫，裡面似乎有著什麼，我忍不住把眼睛湊近看。

裡面竟然有個充滿流水的小世界。我盯著流水看，彷彿站在瀑布前似的，水嘩啦嘩啦的傾瀉而下。

突然一陣哀傷的感覺湧來。

這是什麼呢？是石頭的哀傷？還是我的？

平靜的外表包覆了滿肚子無聲的哀傷，我的情緒莫名跟著共鳴，臉頰滑落一顆淚珠，掉到地上。卻彷彿成為露水，點亮了土地。

周圍景象逐漸更加清晰了。原來我踩在一塊泥土地上，有些雜草。

不，仔細一看，是有許多青綠草地。

是我剛剛沒注意到嗎？還是在我哀傷時，他們努力長出來的？

「妳仔細聽。」

突然，有個聲音這樣對我說，我轉過身。

一個棕色膚色的男子。他長得很好看，雖然不是帥氣型，但是有種自信、穩定而明亮的眼神。散發出一種令人安心的氣質，似乎不論發生什麼事，他都清楚知道該怎麼做。

幸好，在我迷路的時候，遇見這樣令人安心的男子，他看起來是個聰明人，也許他可以幫助我找到方向。

但是我不懂他的意思：「要聽什麼呢？」

「仔細聽妳所感受到的。」他微笑著。

是指水流聲，生長的草地，還是哀傷的感覺呢？

「仔細聽妳遺忘許久的——內心的聲音。」

第二章／內心世界

內心的聲音？

我依然困惑：「我還是不懂，我沒有聽見任何聲音啊？」

棕色男子微笑著。我非常確定我不認識他，也不曾見過面。但是他的笑容有種親切感，好像我們倆早已熟識，甚至有很親近的關係。他似乎很了解我，也想照顧我。

這麼有魅力的男子會願意親近我、了解我，甚至照顧我嗎？

我幾乎不可置信。但是我得承認，這種感覺眞的很奇妙而美好，彷彿有人看見我是特別的。

我已邁入中年，沒有魅力，也很久沒有男性對我表達愛意了。

是的，包括我的先生。他本來就是比較內斂的人，婚前也許還會略表心意，但是婚後，我們的生活似乎像被設定好的程式，日復一日的運轉著。我們除了爲家庭共同努力以外，似乎沒有更多的親密互動。

突然間，那顆大石頭發出奇怪的吵雜聲。喀啦喀啦的一陣陣怪聲音，一開始聽還好，但是聽久了讓人很煩躁，感覺快要爆炸了。而且石頭上面還黏了一塊菜瓜布！

我逐漸失去耐心，不管他到底要我聽什麼，現在只想趕快離開。

我問棕色男子：「這些噪音不重要，我只想知道停車場出口在哪裡？」

「我相信只有妳能夠體會他的感覺。妳再看仔細點。」棕色男子完全忽略我的話，自顧地說著。

就算是帥哥，也不能胡言亂語吧？

我忍住想要翻白眼的心情，卻不經意瞄到石頭變得很奇怪。

他現在不像是石頭的質地，反而變得像是乾枯的木頭紋路。把視野拉遠一點看整體，倒像是一把奇怪的半成品椅凳。

裁切技術不夠成熟，耐受力也不佳。「八成是中看不重用，主婦是不可能購買這種木頭椅的。」我心裡這樣想著。

仔細看，從椅背、椅座延伸至椅腳，有許多努力彎曲交疊的連續曲線，透露出這是把特製且獨特的手工椅。

「啊！這是我大學時的作品！」我不知道這把椅子怎麼跑來這裡，但是我確實認出它了！

當年那把設計課中製作的椅子，是我第一次熬夜，在深夜中沉澱思緒和靈感，順從內在強烈情緒波動，不顧笨拙的技術與雙手佈滿傷痕的窘境，興奮地連夜打造出來的。

我記得那天，清晨的天微亮，我站在親手製的作品面前，看著晨曦從彎曲的椅背中透出，像宇宙間誕生一顆爲我特製的恆星。

我看著，微笑著。

我天性豐沛的情感，讓我如此沉浸在創作的喜悅和滿足裡，即使我的作品向來不是高分型的，我卻甘之如飴。

「可是，這把椅子我早就弄丟了。」

我甚至想不起來怎麼遺失的。

棕色男子的深邃眼眸，此時轉爲有股惆悵：

「妳弄丟了椅子，遺失了創作的自己。」

沒頭沒尾的冒出這句話，卻直直地打進我心裡。

莫名地想哭。

十二年了，我從沒有想過自己遺失的這些，竟然是如此的令我哀傷。

「創作的自己」已經是非常遙遠的事了，像是個曾經熟悉卻又失聯已久的朋友，即使妳好想念她，卻再也無法接觸。只能在回憶中緬懷，更甚至，不能想念太多，以免被無助感淹沒。

也許，那種創作的血液，被這十二年的現實血肉取代，而永遠遺失了。

悲傷的眼淚黯然落下，我腦中閃過瀑布的影像。

我好像懂了那哀傷的感覺。是這樣靜靜的、緩緩地存在，卻無法發出聲音來。

年輕的時候，幻想著自己將來會與設計創作的工作為伍。但如今我卻做著無趣的行政和雜事，我不僅沒有成為大人物，還是個取代性高的小跑腿。

原來，當妳向現實低頭一次，就會失去一些勇氣。

這些年，我究竟遺失了多少？竟然還自以為累積了許多財富。

不過，他會算命嗎？怎麼彷彿知道我的過去？

此時，我默默地再次望向椅凳，他卻又變回吵雜的討人厭石頭。我心中好失落，也更加困惑。

「他到底是充滿創作力的椅凳？還是吵雜的石頭？」我忍不住這樣問棕色男子。

「那要看妳怎麼做？」他說

「我？！」我滿腦子疑惑。

棕色男子說著：「是的，妳一開始看見的是安靜的石頭，不敢表達自己的想法，把悲傷藏在心裡。直到妳接觸到眞正的情緒，像是點亮了世界的某個角落，內心深處的感覺才能逐漸清晰。所以，妳必需接觸自己的悲傷。」

這……他說的沒錯，我的確像個安靜又悲傷的石頭，不曾說出內心眞正的感受。

「但是，我根本不知道自己爲什麼悲傷？就像我常說的『生活沒有什麼不如意。雖然稱不上快樂，但是抱怨又顯得不知足』。像有些人沒事就會說要離婚什麼的，我是不會這樣想。」

天啊，「離婚」！

我沒事扯這個幹嘛啊，我眞想掐死自己，現在可好了，棕色男子正挑著眉，盯著「離婚」這個詞猛看。

我的直覺告訴我，棕色男子會繼續堅持談論這些，他有強烈固執的傾向。

這太沉重了，壓得我頭好痛。

此刻眞無奈，我不想和他繼續爭辯。絕對不是因爲他帥氣，而是我想知道怎麼回家。

而且一直以來，我總是努力避免和他人有正面衝突。就算我心裡不同意，也會盡量避免尷尬。

我只好做最擅長的事——轉移話題。

我發現，轉移話題最有效的方式，就是把提問轉到對方身上。

「我還不知道你的名字？」我問棕色男子。

「名字不重要。」

「那，你爲什麼在這裡？」

「我本來就存在這裡。」他回答。

「『存在』？」

棕色男子笑而不答。

一般來說面對這樣的情況我會不耐煩，但是他不一樣，那笑臉似乎透露一種信任，彷彿他相信我總有一天會懂。

某程度來說，他也算是種「怪咖」，好似天生就拿著「我有權不回答」的令牌，理直氣壯地愛說就說，不想說就笑笑，也不怕別人討厭他。

我也只能讓他任性地不回答。

「那你吃什麼？」我想也許從食衣住行這種實際的問題，可以揣測出一些訊息。但是我一問完就後悔了，因爲這個問題簡直讓我像個呆子。

「妳吃什麼，我就吃什麼。」他答得理所當然。

當然，生活不就是都吃這些東西。他一定也覺得這個問題很蠢。但是不知道爲什麼，我又問了另一個蠢問題：「那你有家人、朋友嗎？」

「那妳有家人、朋友嗎？」他反問我。

看來他覺得這樣的問題很個人隱私，所以我決定先開放自己，也許他會願意更談談自己的事情。

「當然有。我和先生、國小三年級的兒子住在一起，娘家有爸爸、媽媽、哥哥、嫂嫂、侄子和妹妹。我有一些朋友，其中一個和我很親近。」

「所以我也是。只是，他們不常看到我。」他回應著。

「爲什麼？」

「也許，我不符合他們的期待，所以我總是靜靜地等待，也許有一天，當我被允許出現時，我很樂意與他們見面。」他似乎早已經知道答案。

「是因爲你曾經做錯了什麼嗎？」

「不能算是做錯，只能說，當我出現時，我會做出不符合他們期待的決定，父母會覺得我不再是孝順的孩子，他們會說我『只想到自己』。」

雖然他有時候不正面回答問題，只堅持說自己的想法，的確有點自我中心的惱人。但是，因此就被家人討厭，未免有點可憐。

「嗯……我替你覺得難過。」我是眞心的如此覺得，因爲，如果不被家人期待與肯定的話，那眞的很令人難過。

而且，也很孤單吧。說不定他因此逃避不回家，躲在這裡。

「嗯，我也是。」棕色男子附和著。

很幸運的是，我應該算是符合家人期待吧。

至少我是這樣覺得。

長期以來，我很努力符合別人的期待，尤其我受不了家人對我失望，那彷彿在說我很糟糕、很失職。甚至，會讓我懷疑自己的價值。

我恐懼這樣的感覺。

因為恐懼，我會努力避免不讓家人對我失望。只要是我能做到的，通常我不會拒絕他們，雖然有時候覺得很累、不自由，但是比起讓他們失望，我還寧願自己多付出點。

我一邊思索著，一邊覺得不對勁。因為我們走到了一處極詭異的環境，剛剛的景象消失了，只剩下更迷濛、更灰白的顏色。

遠處閃爍著鬼魅般的紫色氣體，似乎某種黑暗通道被打開了，開始匯集著四方的鬼怪。速度很快，一股寒意侵襲而來。

「那裡有鬼！」我手指著遠方，非常肯定卻又顫抖著。

「如果妳覺得恐懼，那就一定有鬼了。」棕色男子說完，就不知道跑哪裡去了。

「天啊，可以不要在鬼片現場叫我思考哲理問題嗎？」此時我被恐懼爬滿了全身，根本沒有心思多想，最多只想咒罵。

四周一片空曠。

空洞到彷彿任何躲藏起來的「東西」都可以輕易出現，但是你卻沒有地方可以躲。

恐怖至極。

我可以感受到那些鬼怪咧著嘴，喀嘶喀嘶的爬向我。

我拔腿狂奔，沒命地逃。

鬼怪在我身後加速要掠奪我，魂魄在我耳邊狂笑，對著我後腦吹氣。

我不敢回頭，覺得自己完蛋了。

我沒頭沒腦地闖進一間房子。

是一間很詭異的房子，一樓是三合院的樣子，二樓以上卻是水泥透天。有很多風格不同的門，卻幾乎都死鎖著。

格局很眼熟，即使我一時之間沒有認出來，卻彷彿都知道房子空間裡是什麼樣子、轉彎會有什麼。

直到我看見污黑的磨石子地板，和受潮而斑駁的油漆牆，牆上隱約有鉛筆刻劃的痕跡，我聯想到童年時期住的房子。

那時候父母不知道爲什麼時常爭吵，我和妹妹常躲在被子裡睡不著。隔天早上，媽媽會紅腫著雙眼，時而歇斯底里生氣；而爸爸會鐵青著臉，交雜著偶爾的暴怒。

我會特別謹慎一言一行，以免惹來一陣責罰。我也害怕自己不小心做錯了什麼，成了崩解父母如履薄冰的關係的最後一根稻草，那我就是千古罪人了。

有時候，我覺得爸爸、媽媽並不眞的喜歡我，他們會爲哥哥費心，但是對我漫不經心；他們會因妹妹的撒嬌而暫時軟化，但常常吼我去做事情。

我努力符合他們的期待，討他們歡心，希望他們別離開這個家。別離開我。

房子的角落裡有個穿著灰色衣服的女子，從剛剛開始就一直跟著我。

她看我的眼神令人討厭，但是也讓我認出她來。

是我高中的一位同學，但我們並不是很熟。

她的依賴心很強、又沒主見，講好聽點是隨和，講白點是沒個性。她討好每一個人，做任何事情一定要先徵得別人的同意，如果不正面回應，她就纏著你，想盡辦法討好你，直到你對她微笑。她常常穿著灰色的衣服，又容易掛著憂愁面容，所以我們私下都叫她「小灰女」。

高中時曾經有一次，我不爽非得微笑回應小灰女不可，就給了她一個臭臉，沒想到她竟然寫紙條給我：

「妳討厭我嗎？」

我簡直無法忍受。好想對著她大吼：

「別人討厭妳又如何？幹嘛把自己弄得如此廉價！」

「做自己有這麼難嗎？不要像條狗一樣跟著我！」

但是，當然，我當時並沒有這樣做。

要我說出內心真實的感受，是很困難的。即使用委婉的方式，我都難以表達出來。

此刻，我加快腳步想要甩開小灰女。她卻飛快地接近我，甚至勾搭我的手臂和肩膀，好像我們很親近。她靠近我的時候，我看見她塗著大紅色的口紅。

我討厭這顏色，也厭惡她爲了討好別人而弄巧成拙的噁心打扮。

這動作實在惹怒了我。

爲了推開她，我們好似滑稽地扭打在一起，愈糾纏讓我愈惱怒。

最後，我狠心的把她甩在地上。

小灰女大哭。

我丟下她，帶著憤怒和罪惡感快步離開。

棕色男子終於又出現了。

看到他，我好像看到了救星一般。

比起惱人又沒用的橡皮糖，自我中心的人至少可以對話。

我不加思索地說出：「你怎麼不見了？我還以爲你覺得我很煩，丟下我了。」

我心頭一驚！

我怎麼說出這種話？這不是我最厭惡的小灰女會說的話嗎？是否剛剛的糾纏，讓我被傳染了？

爲了掩飾我的羞愧，我趕緊轉移話題：「沒有啦。我剛剛被鬼追很久，好不容易遇到認識的人，卻是我很討厭的人。」

棕色男子向我提問：「妳在哪裡遇見她？那個地方像什麼？」

「就在前面那棟房子啊，很像我小時候住的房子，遇到那個沒主見、只會討好的小灰女。」我說。

「妳有沒有想過，為什麼『討好』會出現在妳童年的房子裡？」

我心中一驚，這句話好似打中了什麼一般。可是我試著不要多想。

果然，棕色男子不死心的繼續詢問著：「妳是否想過，『討好』爲什麼想要親近妳？」

幸好，這問題我有辦法輕鬆地逃過，我把一切歸咎於小灰女，並且跟自己無關：「因爲她想確認我是否討厭她？她就是很害怕別人不喜歡她。」

「嗯……妳換個角度想想。如果說，是因爲妳有某個程度類似她呢？所以她才想要親近妳。」棕色男子不急不徐地這樣說。

我幾乎尖叫了出來：「不可能！那是我最厭惡的類型！」

「所以妳厭惡這樣的自己。」棕色男子不理會我的抗議，繼續說：「妳會推開自己，詆毀自己。」

我無言以對。心中又羞愧又生氣，激動到微微發抖，卻心虛得無法回話。我無法接受我和小灰女相像，這會讓我覺得自己很不堪，我是這麼的厭惡她。可是我無法有力地反駁棕色男子，因為我確實有著「討好」的特質，當然沒有小灰女那麼誇張和依賴。而我所欣賞的棕色男子，為什麼可以輕易看見我的脆弱？平常我總是可以成功掩飾自己，穿上一層有保護力的色彩，除非是很親近的人，否則不會有機會發現我的脆弱和缺點。現在，他說不定會看輕我，然後不喜歡我了。好想找個地方躲起來。或是想辦法再幫自己掩飾，偽裝出有魅力的一面。

他深刻地看著我。我有點不安。

最後他哀傷地說：「我很遺憾妳這樣對待自己。」

很奇怪的是，從他的眼神我感受到他真的替我覺得遺憾，一種哀傷但是又關懷的眼神。

棕色男子有種魅力，雖然有些自我中心，但是那種自信，不只是相信自己，也相信別人。並且他對情緒又很敏感，細膩、敏銳卻不被情緒牽著走，反而有股穩定的感覺。似乎很多感受我不用多說，他都能察覺到並且回應得恰到好處，雖然有時候催促我面對某些不安的狀態，但是同時又相信我，而不是評價我。

他拉著我的手，似乎有話想說。這動作讓我覺得心安了些。

「來，妳看。」他指著一株很特別的中型草木。「這是異形木。可惜，他還沒轉型到下個階段，還用尖銳僞裝來綑綁著自己。」

這株植物很平靜，看似溫和但葉子呈現鋸齒狀，並且巧妙地和許多顆大大小小的石頭共生在一起，似乎想要武裝自己來威嚇別人，但卻反而喪失了植物該有的氣息，變得像機械一般無生命力。

這讓我不知道應該要害怕它、遠離它，還是憐惜它？

這畫面，看起來很像是植物被石頭的堅硬困住，我忍不住想，如果粗魯地敲開石頭，植物會不會也死亡了？

我的心情因爲棕色男子的關懷，逐漸平穩下來。

但是，我仍然不知道要如何繼續思考關於小灰女的事情，也想不透爲何要帶我認識這奇特的植物。

這一切太不合理了。

「這裡究竟是哪裡？」

我忍不住提問：「這一切太詭異，我究竟在哪裡？」

棕色男子帶著濃厚的哲學味道回應著：「妳應該要問妳自己『爲什麼來這裡？』」

「這不是我願意來的，我本來只是平凡的日常採購，爲什麼掉到這裡來？我想回去啊！」我幾乎快要吶喊了。

但是棕色男子仍然平穩地說：

「要問妳自己……

『爲什麼把自己帶到這裡來？』

『妳想解開什麼疑惑？』」

「我不懂。這裡太荒謬，一切都不合理。」

「告訴我妳遇見了什麼？困惑些什麼？」棕色男子突然很有耐心地說。「解開這些，就可以找到出口。」

「是嗎？」我立刻活了起來，滔滔不絕地說：「我遇見很多。一開始，就碰到了一個長滿蛆蟲的小提琴；然後是悲傷又吵雜的石頭，還會變成椅凳；之後又被鬼追。好不容易逃離了，又被小灰女纏住，然後很難堪地思考我自己也跟小灰女很類似；最後有株奇異的植物。嗯……，當然，還有你……」

「等等！」棕色男子打斷了我的話：「妳說的這些，都是表面的事物。但是妳還沒有把這些事物對妳的個人的意義說出來。例如說：小提琴對妳的意義是什麼？小提琴在妳生命中扮演的角色是什麼？」

「小提琴……是我喜愛、但是被迫放棄的事物。」我有點驚訝自己輕易地對他掏心掏肺，也許他眞的有種令人安心的魔力，或者，我相信他不會輕易評價我。

說眞的，有個人讓妳安心，相信他不會輕易地評價妳，是很美好的感受。而我以前不曾有過這樣的感覺。

棕色男子笑了笑：「很好，妳描述得很清楚。這樣小提琴就不會只是小提琴，而是有意義的物品了。現在請妳把剛剛的話再說一遍，但是這次把個人的意義性帶進去，例如把『小提琴』取代成『我喜愛，但是被迫放棄的事物』，當然可以用流暢一點的方式說。」

我想了一下，然後這樣說：「一開始，就碰到了『被迫放棄的喜愛，裡面長滿蛆蟲。』」

棕色男子笑得更開心了：「太棒了！妳已經懂得運用這樣的規則了。其餘的繼續試試看吧。」

「好！」我興致勃勃地要嘗試，卻立刻遇到困難：「嗯……吵雜的石頭的意義是什麼？……我眞的不知道，只知道他本來壓抑又哀傷，但同時也是充滿創意的椅凳。」我對自己有些失望，也想起了這個椅凳帶給我的深深遺憾。

「慢慢來，沒關係。」棕色男子不輕易對我失望。

他繼續鼓勵我：「就暫時讓他是哀傷又吵雜，但同時也是充滿創意的吧。這可以往後再慢慢探索……現在說說，**當妳遇見鬼怪之前，那時正在做什麼？或者心裡正在想什麼？有什麼感受？這些都是有關聯性的。**」

聽到他這麼說我又有精神了，我繼續說：「好的。我遇見鬼怪之前，當時我正在……思考符合他人期待的事情，而且恐懼別人對我失望。……但是這些的關聯性是什麼？」

「**鬼怪，就是來自於我們內心深層的恐懼**。是妳內心的恐懼匯集了這些鬼怪，然後追趕著妳，讓妳辛苦地逃命。」棕色男子清楚地解釋著。「也就是說，從小到大妳恐懼家人會對妳失望、會討厭妳，這個恐懼像是鬼魂般的、無形中存在著，不斷地追趕妳。」

「所以我才被恐懼的鬼怪，追趕到小時候的房子裡？」我忍不住沉思，喃喃自語。「然後，又在童年的房子裡遇見『討好』，這『討好』和『恐懼』有什麼關聯？……我和『討好』有類似的地方嗎？」

說到這，我忍不住嘆了一口氣，包括面對最後那株植物，實在讓我想不透：「植物爲什麼要依賴著石頭生長？如果敲開了石頭，植物會死嗎？」

奇怪的是，我每說一句話，腳下的地板就裂開了一塊，這世界彷彿搖搖欲墜。

棕色男子點點頭，依然微笑著：

「問對問題，比答案本身更重要。」

但是這次不一樣，他彷彿很欣慰又放心，深深地帶著祝福。

我不知道是否我剛剛做對了什麼。但是，我知道是時候離開了。

光線逐漸變暗，眼前的影像愈來愈模糊，我突然感覺有些不捨。

「我要怎樣才能再見到你？」我對棕色男子說。

他依然笑著，周圍逐漸暗下來。

「總有一天，我們會再見面的。」

黑暗中，只剩下這句話。

第三章／覺醒

6:05

我睜開眼睛。發現我在家中的床上醒來。

我賴床的這五分鐘，竟然做了如此漫長的夢境。
一時之間無法回神，有種恍如隔世的感覺。
看看鬧鐘，看看身邊還在熟睡的先生，彷彿一切都沒有改變。

又是平凡無奇一天的開始。
但是，我心中知道有些不同，有些東西被觸碰到了，有些感受醞釀著、蠢蠢欲動。
這是第一次，我起床後沒有匆匆忙忙準備早餐，而是坐在先生的書房裡，把心中的感觸寫下來，彷彿有一頓小型的早晨心靈獨享餐。

我把整個夢境、和棕色男子的對話都寫下來，包括還來不及說的話。

然後開始我的一天。

當然，賣場的電梯並沒有壞。

中午，突然接到電話，我那唯一親近的朋友約我喝下午茶敘舊。我實在太開心了，一直以爲她人還在國外，前陣子剛好才想起她，沒想到已經回國一陣子了。心中一陣唏噓，已婚婦女如果沒有積極點維持友情，實在很容易跟朋友脫節啊。

可是，突然安排這次下午茶，我會不會來不及接兒子下課？還有晚餐來不及煮怎麼辦？要不要改天？

正當我有些猶豫時，朋友實在太瞭解我，立刻展開說服：「別這樣嘛，一定來得及接小鬼啦，而且就這麼一餐讓他們吃外食，又不是天天放著他們不管。……我看妳當媽媽的責任感也太強了，根本沒留時間給自己，妳再不出來聚會，都要發霉長蟲了。」

我心中一震，全身起雞皮疙瘩。這些話語怎麼似曾相識。

「長蟲……」沒錯！就是我早上做的夢境。

掛完電話，我翻開早晨寫下的內容，找到那行字：

「被迫放棄的喜愛，裡面長滿蛆蟲。」

原來放任小提琴盒發霉長蟲的人，就是我。

過去，我不敢爭取自己所愛，一次次地退讓，還不斷地自我安慰，其實是犧牲掉了自己，只爲了符合我該扮演的角色責任，女兒，學生，員工，太太，媽媽，媳婦……日子久了，竟然已經變成習慣。

是我，沒有好好善待自己，不敢爭取喜愛的事物。一直把別人擺在自己前面，還以爲是不可抗的宿命。

不只是小提琴，還有好多事情都是。

就像我剛剛差點又爲了親自準備晚餐，而放棄與多年老友的敘舊下午茶。

「我很遺憾妳這樣對待自己。」

腦中突然想起棕色男子說的這句話。

是的，此刻心中也有股淡淡的感傷。

怎麼以前都沒發現，自己是這樣對待自己。

前往下午茶的路上，我忍不住一直思考著。

如果小提琴是我，放任它長蛆蟲的也是我。那麼，石頭的部分呢？

我實在很難認為石頭的吵雜也是我的部分。

我再次翻開我的夢境紀錄，關於石頭的部分寫著：

「石頭是壓抑哀傷又吵雜，同時也是創作性的椅子。」

我陷入夢境的思考中，想到出神了。

「幹嘛？有心事喔？我都站在妳眼前了，還沒看到我？」朋友突然嚇了我一跳。「還是我變得太胖，妳認不出來了？妳最好講清楚喔。」我還來不及定眼看清楚，朋友就強勢連環攻。

「哪有變胖？我只看到變得更漂亮好不好？這叫做之前太瘦啦。」其實朋友真的有些豐腴，但是這時候，千萬別跟女人說實話。我趕緊轉移話題：「妳幹嘛回國一陣子還不聯絡啊？談戀愛啦？還是排擠我？」

「也不是啦，本來想要減肥成功再約大家的，但是速度實在太慢，忍不住了啦。想說先約個身材也相當的已婚婦女，才不會讓自己太難過。」朋友倒是毫不客氣地拖我下水。

面對她，我才不甘示弱呢。「我老公沒嫌棄就好啦。」

「唉唷。今天難得沒有抱怨老公耶。」

「啊妳以前不是總說連隔著太平洋都聽得很煩。只要我一抱怨，妳就好像天塌下來一樣不爽。」

「是沒錯啦，但是看妳剛剛想事情這麼入神，很詭異耶。」朋友用眼神打量著我。「怎麼了？妳老公打電動到了魔人級，變成賺錢的工具人，然後妳想要離婚，卻沒有對象？」

「哇塞，妳三秒內整本小說都編好了。」

「對啊，別人可能不知道，但是我聽得出來妳對婚姻很不滿，他整天除了工作就是打電動，吃飯聚會也是一直在滑手機。妳可以忍受這樣無趣的男人，眞的也是功德一件。」

不滿？我會對婚姻有什麼不滿嗎？這個問題又讓我感覺頭痛了。

「拜託，我的好伴娘，當初我要結婚，妳也沒有阻止我啊。」

「唉，說到這件事情，妳敢說我沒有阻止妳。當初妳要去相親的時候，我就跟妳說相親的對象十個有九個怪，妳就說自己也是怪人沒差。然後才約會幾個月，就莫名其妙說要結婚，速度這麼快，不知道的人還以為妳先有後婚哩。」

「可是妳那時候不是也說，要結婚也是可以啦，對方沒有不良嗜好，工作穩定又有責任感。」

「從客觀的角度來看，是有符合結婚對象的條件。但是重點是……妳當時在跟學長嘔氣吧？」朋友突然認真地盯著我看，我才正想要反駁，就被阻止了。

「欸，別人可能看不出來，但是我知道分手後妳其實心裡一直很難受。半年後他突然跟學姊復合了，妳就說要去相親了；然後他們的網路婚紗照一出來，隔週就換妳說要結婚了。」

我腦中浮現當時的畫面，甚至連學長在婚紗照中的笑容，我都依然記得。心悸動了一下。

「我當時逼問妳，妳還嘴硬。說什麼爸媽催妳快點結婚，妳自己也想要安定下來，有個家。」

朋友可眞是把這些過程記得清清楚楚啊。

她繼續說著：「其實我當時……應該要更強力阻止妳的，可是我看妳分手後這麼落魄，我很有罪惡感，想說有個家庭也好，至少有人互相照顧，誰知道……是個電動魔人。」

她搓了搓手，若有所思的要繼續說下去。「其實我的罪惡感是因為……」

「唉唷，好啦。」這些往事讓我心煩意亂的，為了避免壞了重逢聚會的好心情，我趕緊打斷她。「都十幾年前的事情了，我也不是眞的要怪妳沒阻止我啦，結婚後會怎樣誰料想得到，我今天不想要再碎念家裡那一大一小的事情。」

朋友愣了一下，但是彷彿也鬆了口氣：「喔，好哇……。但是連小鬼的事情都不講嗎？他長高了不少吧。」

「他啊，是有長高，但是也胖了不少。都國小三年級了，還是一樣貪吃愛玩。跟他爸爸一樣愛運動、愛打電動，但就是沒有遺傳到認眞念書，老師整天寫聯絡簿跟我告狀，一堆功課沒寫，連美勞課都坐不住，整天只想玩。」

「也沒遺傳到你的愛畫畫？」

「是啊，說到這小子我就頭痛。」

「一說到你兒子你就唸個不停，這小鬼其實滿討喜的、鬼靈精怪的，也沒那麼糟糕啦。」

「他就是嘴甜、小聰明一堆，但是都沒有用在念書上。」突然發覺我又開始碎念小孩的事情，記得網路文章曾經說過「別對沒有小孩的朋友，講一堆媽媽經」，這樣朋友會覺得很無趣、插不上話。

「好啦，說好不講家裡的事，講了我又唸不完。」我趕緊轉移話題。「聊聊妳吧，在國外應該過得不錯喔，工作順利嗎？有豔遇嗎？」

「豔遇是不缺啦，但是沒有一個値得提的。」朋友誇大其辭的樣子倒是一點都沒變。「倒是工作有些疲乏，所以想說回國轉換一下心情，也找找創作的靈感。」

朋友講得輕鬆，但是臉上閃現一絲的失落，我想試著關心她：「妳工作遇到什麼困難嗎？」

「哪會有困難啦。想太多了妳。」朋友一貫的強勢作風又出現了，示弱對她來說幾乎不可能，就算天塌下來了，她也會說大不了命一條。

所以，我只好順著她轉話題：「那，妳怎麼找靈感啊？」

「就到處嘗試新的課程啦、講座啦、活動啦。其中有幾個還不錯，像是身體療癒啊、花精啦、潛意識夢境的啦，都給我一些全新的發現。」

「夢境？」我睜大了眼睛，興奮地想起早上的夢，和一堆困惑。「我好想聽喔！是什麼發現？」

「唉唷，我的有什麼好聽的。幹嘛這麼感興趣，妳也開始研究解夢啦？」朋友直接把話題又轉回我身上，甚至把身子湊了過來：「有什麼大發現？」

也好，剛好我也想要討論一下自己的夢境。

「也不算研究解夢啦，但是我今天早上做了一個很長的夢。裡面有個部分很奇怪……，說不定妳可以幫我一起想想看。」

「好哇，那個解夢老師一直強調，夢境要慢慢探索。來來來，講講看。」

「我想問妳，記不記得大學一年級時，有次設計課老師要我們交一把自創的椅凳當作期末報告嗎？」

「好像有這件事情。」

「我就是夢到那個椅子，妳覺得那個作品對我有什麼特別的意義嗎？」

「這個嘛……」她很慎重地回應我：「『意義』這種事情應該要問自己才對，而且夢境的聯想都是要以自己為主的。但是……妳這樣說我倒是想起了大學時候的妳。」

「哦？」這下換我有興趣了。

「大學時候的妳，尤其是大一，明明什麼都還不懂，但是對設計充滿了熱情。老師每出一道題目，大家都唉唉叫，只有妳，不知道哪來的自信，帶著邪惡的笑容、滿腦怪點子。然後沒日沒夜的投入創作中，常常忘記吃飯，也不用睡覺了。很像瘋狂博士。」

「哈，是嗎？」

被她這麼一說，那些青澀的歲月，逐漸倒帶了起來。

「雖然妳成績一直不是頂尖的，也沒有特別被教授重視，但是妳總是在宿舍鬼叫『做設計好爽喔！』」朋友誇張地伸開雙臂，模仿當時我嚷嚷的樣子。

這畫面，把我拉回大學時光，忍不住覺得好笑，原來我也曾經有這麼「做自己」的直爽模樣。

但是，對照著此刻的現實，卻又格外諷刺。

「那時候眞的很快樂啊。可惜，現實是殘酷的，像我這樣表現平平的人，注定要被社會淘汰。不像妳，作品成績總是拿高分，表現永遠都很優秀，一畢業就到老師的工作室當助理，現在已經是傑出的設計師了。」雖然這想法不免悲觀了些，但現實的確是殘酷的，也許面對現實也不是壞事，至少我是這樣自我安慰著。

每次提到成就的事情，我的朋友就略顯不安，也許是擔心我感覺自卑吧。

她說：「其實，優不優秀眞的也無法單靠分數和薪水來評論。倒是……我必須跟妳坦白一件事情。」

「什麼事呢？」

她用著一種爆料的語調，壓低聲音的說：「其實大一的時候，我滿嫉妒妳的。」

「爲什麼？」我了解她是自尊心很高的人，會說自己有嫉妒的心情，那肯定是現在已經不會威脅到她了。是的，現在的我對她來說，應該是沒有任何威脅性了。除非已婚又有小孩算是一種成就，那我還小贏了一點。

果然她也很乾脆的講了：「因爲當時我們才大一，妳就已經隱約有種自信，很能掌握情緒的變化，然後呈現在作品上，我最討厭這種天生能力就很好的人了。」

「哦，是嗎？」我有點驚訝，也有點開心，原來從朋友的眼中看見學生時代的我，竟然是有自信的。但是，同時又讓我想起一些不好的回憶。

「嗯……可是……，我記得的不太一樣耶。我以爲大家都愛笑我太多愁善感、神經質，以及，還有一個詞……，對了，情緒化。」

她繼續說：「這我也記得，那些人總是愛捉弄妳，甚至說妳小題大作、歇斯底里，把一張椅凳弄成一堆張牙舞爪的曲線。老師把妳的作品放在高台上展示的時候，他們譏笑說遠看就像是梅杜莎的蛇堆頭髮，還說那是梅杜莎的恐怖舞台。」

「對，我就是不喜歡小題大作的自己。後來我老公也常這樣說，說我太大驚小怪、太情緒化，開心也哭、難過也哭；感動也哭、驚嚇也哭。所以我很努力要把自己改過來，不要太容易有情緒起伏。這樣沒有人喜歡的……」說到這裡我有點洩氣，因爲我不喜歡自己是情緒化的。

但是我的朋友，她看起來不像是想要安慰我，倒是有一股理所當然的樣子。「其實，妳就是人家說的那種……敏感的人，所以……」朋友很認眞地思考。「如果敏感就是妳的特色，爲什麼要改掉？」

特色？我沒有這樣想過。

一直以來，我以爲敏感和情緒都是不好的，所以要努力改過來。

「因爲，好像讓身邊的人很困擾。像我老公常說搞不懂我要什麼，我只要有情緒，他好像都很困擾。」我的情感豐沛程度，似乎很難讓身邊的人理解。

朋友若有所思緩緩地說：「如果說，要改的只是情緒表達方式呢？而不是把敏感的特色改掉。」

「那是什麼意思啊？」我問。

朋友繼續說著：「妳有沒有想過，敏感和情緒也可能是好的。至少在創作上就是啊！」

如果敏感和情緒是好的……我腦中不自覺的浮現出棕色男子的臉。

在他身上，的確這些本質都是很美好的，讓他又成熟又有自信，能夠敏感地照顧別人，又自信的展現自己。只要再少一點自我中心，就完美了。

這樣的思考方式，真是讓人煥然一新。

我這個朋友，總是能在我覺得低落的時候鼓勵我一把。

我其實有些依賴她，她有時候像我的鏡子，會真實的反映我的狀態。尤其在我人生猶豫不決時，會給我中肯的建議。

朋友等不及我的回應，繼續說：「我倒是很羨慕大學那時候的妳，能夠把情緒這麼精確地表現出來。……像梅杜莎的頭髮有什麼不好？可以把看不順眼的人變成石頭，總比把自己變成沒情緒的石頭好吧。」

我聽得心中一陣驚訝。「妳剛剛說什麼？妳再說一次。」

朋友更大聲地說了：「我說，做梅杜莎有什麼不好？幹嘛要因為別人不認同妳，就把自己變成沒情緒的石頭呢？」

天啊！這一切更清楚了！

原來椅子和石頭的關聯是這樣啊！

我誇張地對著朋友大喊：「天啊，我眞是太愛妳了！妳幫我解開了好重要的線索，我現在有要事得趕回家，改天再約啊！」

一回到家，我連忙三步併作兩步跑到書房裡，把剛剛的解夢發現寫下來，腦中一面浮現出解夢師課程中提到的：

「夢境裡面的物品，都是自己狀態的一部分。可以想像成我們好似闖入自己的潛意識世界中，在那個世界裡，我們的狀態被當成一個個靜態物件來展示。這樣讓我們有機會可以慢慢欣賞，但也因為是物品，也很容易被夢者忽略帶過。因此，和人物同樣的，我們必須尋找每個物品背後的個人象徵意義。」

是的，我想起夢境裡棕色男子要我說出個人的象徵意義，當時對於石頭我無法發現個人的意義是什麼，也不知道爲什麼既是石頭又是椅子，當時我只能做劇情的描述：「石頭是充滿抱怨，卻壓抑又哀傷，同時也是創作性的椅子。」

但是仔細說來，其實是有三個物件：1. 椅子、2. 安靜的石頭、3. 吵雜的石頭

我試著把「個人象徵意義」寫出來。

由於我已經思索了很多，所以要寫象徵意義並不困難，只需要精簡我的對話和聯想到的回憶，把當中的精髓抓出來就可以了。

我發揮了自己龜毛的個性，忍不住畫了張表格：

物品	個人象徵意義（代表自己的某些狀態）
1. 椅子	擁有創作性，情緒豐沛的自己
2. 安靜的石頭	壓抑情緒，表現出很平穩、沒有想法的自己
3. 吵雜的石頭	心中很不滿，卻不敢直接說，只會抱怨瑣事的自己

我記得解夢師說：「夢中的一切都是潛意識安排好的，劇情出現的因果關聯和先後次序也是很重要的。」

「所以，石頭和椅子果然是有關連的。」我喃喃自語著。本來想不通的問題，但是朋友下午的那句：「因爲別人不認同妳，就把自己變成沒情緒的石頭。」

賓果！

原本的我是椅子，是充滿創造性和情緒的自己，但是因爲這樣的自己是不被認同的，而我以爲不被認同的部分就是「缺點」而必須改掉。所以我壓抑了自己。要自己表現出情緒平穩、順從的樣子，我變成了安靜的石頭。

1. 椅子

↓ 壓抑成

2. 安靜的石頭

但是敏感是我的特色，也是個性的一部分，根本無法改變，壓抑了反而讓內心累積許多波動。因爲勉強自己改變成不是自己的樣子，所以我變得忿忿不平，常常對生活很不滿，不自覺地抱怨許多瑣事，於是變成了吵雜的石頭。

1. 椅子
↓ 壓抑成
2. 安靜的石頭
↓ 憤恨不平
3. 吵雜的石頭

此時，我回想起自己曾經問過棕色男子：「他到底是充滿創作力的椅凳？還是吵雜的石頭？」

當時棕色男子回答：「那要看妳怎麼做？」

我現在懂了，這些部分都是我，那個石頭演出了我從椅子變成壓抑悲傷，又變成吵雜的主婦。

我其實有很多的不滿。我很想做自己，我喜歡創作，有特別的喜好、想要的生活……但是爲了現實因素，有好多部分都必須壓抑，彷彿是個沒有情緒、很順從的安靜石頭一樣。但是這樣子簡直悶死我了，我其實心中很不滿又委屈，所以轉而對瑣事喋喋不休的抱怨。

不過，抱怨歸抱怨，我卻不敢眞正的說出內心感受，因爲我擔心說出來太傷人了，我很害怕身邊的人對我失望。

這使我想起了小灰女。

那個因爲恐懼家人失望，而不斷地「討好」別人的我。

此時，腦中突然冒出半年前解夢師說的：「夢中的人物，除了重要他人以外，大多數都是自己的一部分」。

其實，我一直隱約知道自己有部分像小灰女，也就是討好的部分，只是情緒上無法接受，因爲我很厭惡她。

此時又想起解夢師說的：「這是自己不願意面對的部分」。沒錯，我很不喜歡自己沒個性、沒自信、討好別人的部分，但就是無法改變。

我一邊思考、一邊持續寫下心中的困惑。

爲什麼我這麼厭惡這部分的自己？

該怎麼改掉「討好」的個性呢？

還有，爲什麼「離婚」不是我的想法，但是我卻一想到這個念頭，就覺得焦慮呢？

我不斷地寫下我的感覺和發現。此時的我，不再覺得那麼難堪。也許是因爲，看見自己這一路來壓抑了這麼多，遺失了這麼多。

我像是一片片的撿回自己的感覺。

太不可思議了，我有好多好多地發現，好想要立刻找個人分享。

我太過投入解夢紀錄，以至於忘了時間。

突然間，我聽見先生和兒子回到家了。

我愉快地迎接他們，但是先生的臉很嚴肅，感覺很不開心。

我心中開始有些不安。

「媽媽妳怎麼忘記來安親班接我啊，打電話也不接。還好爸爸有接電話。」兒子嘟著嘴抱怨我。

天啊！我錯過要去安親班接孩子的時間了。我轉頭看先生，努力地想要解釋。

「對不起啊，因為我……有些事情正在忙。」此刻，我總不能說我興奮地投入解夢，或者說出下午茶敘舊的事吧。我覺得很羞愧，自己是個失職的媽媽。

「什麼事情會忙到忘記孩子，也不事先說一聲。」先生給我補上一擊。

雪上加霜的事發生了。「媽媽我肚子好餓喔。」孩子哀號著。

完了！晚餐。我下午急著回家寫解夢發現，忘記準備晚餐了。

我拉起紅色警報。用最快速、最便捷的方式準備好晚餐。幸好今天到賣場時，我特別添購了許多便利餐食。

警報暫時解除，孩子因為有喜歡的炸雞塊所以很開心，但是先生沒那麼容易討好。他依然繃著臉，不論我找什麼話題，回應都很簡短。我努力想要說服自己不要太在意，但是心中就是忐忑不安，還有許多罪惡感作祟。

晚餐後，先生直接進書房，八成又在打電動，門緊閉著，不願再與我多談。

從早上到下午的興奮感，突然降至冰點，有股罪惡感蔓延著，似乎我不應該花這些時間在自己身上，而忘了做媽媽的本分。我胸口感覺到一股沉重，好似需要大口喘氣，才能吸到足夠的空氣。

「如果老公對我失望，他會不會討厭我？」此時的我很悲觀，要自己以後別太投入自己的事情，卻忘記扮演好媽媽的角色。

「就算我把夢徹底地解出來，又能改變什麼？」無助感好沉重，有一瞬間，我甚至打算放棄探索夢境了。

洗碗吧。聽著水嘩啦嘩啦地流下，我的眼淚不自覺地滑落。這一次，眼淚滴落在充滿泡泡的水槽碗堆中，沒有長出鮮嫩的綠草，只有淹沒在髒水裡，無聲無息地。

我想起那個安靜、壓抑又悲傷的石頭。那就是我，心裡充滿了瀑布般的淚水，在這裡安靜地待了十二年。扮演著別人期望中的角色，在社會的評價中努力要合乎標準。

腦中閃過這十幾年來的風風雨雨，我卻沒有爲自己哭過。

放棄小提琴的年紀，我還沒有權力出聲；

不走設計工作時，我說服自己的表現並不出色；

考上公務員時，家人的歡天喜地早就掩蓋過我的不安；

學長離開去美國時，我說因爲我們沒有緣份；

決定結婚時，我說安穩的生活正好適合我。

可是這些，眞的是我想要的生活嗎？

這是第一次打從心底想爲自己哭一哭。

眼淚，是否眞的可以洗滌心靈？

兒子八成不想寫功課，四處遊晃著。這小鬼沒有察覺媽媽心情不好，依然頑皮著。

「媽媽我也想洗碗！給我，給我。」他彷彿在提議要參與一項好玩的遊戲。

我如常地嘮叨著，語調愈來愈激動：「這不是玩具，你動作這麼粗魯，不小心打破碗會割傷手的。趕快去寫功課，聯絡簿檢查了沒？每天都拖到七晚八晚，今天你再這樣，我就……」

我突然停了下來，因爲驚覺到此刻，自己變成那個吵雜的石頭。因爲自己內心壓抑許多不滿，所以會不自覺的借題發揮，把怒氣發洩在日常瑣事上。

這也是我第一次發覺自己的狀態，而停下來。回頭看看兒子的臉。從開心地提議，變成失望的垂頭喪氣。我心中慌了，孩子畢竟是無辜的。

究竟要如何，才能夠不要當安靜壓抑的石頭，也不要當個吵雜的石頭？

「你爲什麼想洗碗？」因爲不知道該怎麼辦，我只好轉移話題，想讓兒子忘記剛剛的情緒。這小子至少有個優點，就是不太會記仇，只要轉移話題或有好吃、好玩的，他心情就變好了。

兒子抬起頭，看起來有些驚訝又開心，彷彿媽媽問了一個詭異的問題。「看起來很好玩啊！而且老師說，回家要幫忙做家事，家事不是媽媽一個人的工作。」

這下換我慚愧了。

我常常抱怨兒子不懂事，不懂得幫忙。但是剛剛那個過程卻顯得荒謬，我沒有注意到當孩子有意願要幫忙時，我並沒有給孩子機會；但是當他想玩樂時，我又希望他照我的話去做，然後覺得很不滿的抱怨著。

「好，那，這幾個湯匙、筷子給你洗好嗎？」我挑了些不會摔破的餐具給他。

看著他小心翼翼的捧著，用小小的雙手仔細地、努力地洗著。

我心中一陣激動。

究竟我錯過了多少理解孩子的機會？究竟我都如何地對待自己，對待身邊的人？生活中應該要有更多樂趣、更多情感的互動、更多互相理解、更多的改變。

不是嗎？

「你看，衣服都噴濕了。」不超過幾秒鐘，我差點又開始碎念他了。但是這次卻很快停下來。

我不想再當個吵雜抱怨的石頭了。

也許，我該跟解夢師談談。

第一次會面。改變的前奏：停下來

隔天，我特地請了半天假。因為請假，心中難免有點不安，雖然我公務員十二年的資歷，特休假有許多天，但是通常我都用在照顧孩子、照顧公婆或父母，或者和先生員工旅遊時才請假，平常時候我不會隨意請假，以免有不時之需。

但是今天是用在自己身上，而且還是為了大家都覺得不夠實際的解夢。我實在不敢向別人提起請假的原因，幸好線上請假系統不需要說明事由，同事也對我的私事不感興趣，從不過問。

我懷著忐忑不安的心情來到解夢工作室等候。

上次因為期待是算命路線，所以沒有仔細端詳工作室。這次發現，工作室的設計感是很用心的，雖然空間不大，但是很重視光線和通風，到處都有綠色的植物，安靜展示著自己。

等候空間的座位不多，但是選擇性卻很豐富。

有兩張沙發，分別躺在小方桌的兩側，倚著牆角休息著；有三個高腳椅，坐落在落地窗前面，緊鄰著窗前細緻的長桌，以長桌為主串起這畫面，讓高腳椅可以獨立當作個人座，也可以緊湊些成為小聚落；還有一個特殊的個人座，是一把別緻的小躺椅，巧妙安排在一小排矮書櫃後頭，還有幾個盆栽作掩護，形成隱密、安全又放鬆的個人空間。

書櫃上層有琳瑯滿目的書籍，解夢、自我成長和心靈圖卡都有。下層寫著歡迎自由索取，然後優雅地擺著「自由書寫」的本子、「自在塗畫」的畫冊、各式各樣的筆群。旁邊有咖啡機和沖茶器具。

背景是輕柔、沉靜的音樂，佐以新清淡雅的精油味、花香和咖啡香。

我選擇了靠窗的高腳椅，為自己倒杯咖啡，享受著窗外的陽光和植物，聽著輕音樂，沉浸在這個放鬆的環境中，輪到我進入夢境諮詢室時，我還帶著那樣舒服的心情。

但是我很快就想起了，我滿腦子的疑惑。我飛快地跟解夢師說了我那個漫長又詭異的夢境，包括小提琴、石頭、椅凳、小灰女、植物，當然還有棕色男子。說完後，我又自動補上這兩天，我對自己夢境的發現，以及拿出我的解夢紀錄，包括我的一大堆疑問清單。

當我把這多麼紙本紀錄放在解夢師眼前的時候，她並沒有急著翻閱，只是認真地聽我嘩啦嘩啦的大講，然後微笑著說：「這跟上次的妳，很不一樣喔。」

「喔，呵呵。對啊。」回想起上初次來到工作室的懵懂樣，我有些不好意思。

「是什麼改變了妳？」解夢師這樣問。

「改變？我有改變嗎？我還覺得自己很困惑，我前幾日很洩氣，對自己很失望。想不懂究竟要怎麼樣才能改變？以及應該變成什麼樣子？」

我著急地將困惑拋出來：「我發現自己就是那顆石頭。但是我不知道該如何『不當安靜壓抑的石頭，也不當吵雜的石頭？』夢境只有呈現到這些畫面，讓我發現原來不應該要這樣、不應該要那樣，但是沒有告訴我該怎麼辦啊？」

我非常地心急。

但是解夢師一點都不急，仍然緩緩地說：「處在這種狀態，妳一定覺得不好受。甚至連要不要改變，都覺得很矛盾？」

「是的。」解夢師的確說中我的心情。

我接著誠懇地說：「我是來請教老師，我應該怎麼辦的？或是我應該改變成怎樣？」

解夢師說：「只有一個原則：在妳還沒想清楚前，不要做太大的改變；但是一旦妳想清楚了，就勇往直前。如果妳之後決定生活要大改變，就要承接隨之而來的衝擊和變化；如果決定生活不要改變，就要調整心態和自在。」

「所以我該怎麼做？我還是不懂。」

「就照這個原則做。當妳還沒想清楚怎麼做之前，舊有的、妳不喜歡的方式，妳就先『停下來』。例如妳剛剛提到的矛盾的石頭，當妳一發覺自己成爲那石頭時，就先停下來。」

「像我前幾天對孩子做的那樣？」

「是的！『停下來』就是很了不起的反應了。事實上，要做到停止我們已經習以為常的反應，需要有很強的『覺察』——也就是發現自己正在重蹈覆轍舊有的模式。」解夢師繼續回應著。「當我們『發現了』，然後『停下來』，才有空間醞釀並產生新行為。」

我現在懂了，爲什麼解夢師不做算命師，因爲她似乎想要幫助人改變自己。

她又繼續說：「改變本來就不容易，妳想想看，這些舊有的感受和行爲，是經過多少年累積形成的呢？我們如何要求自己短短幾日就推翻十幾年來的成果？」

看來成長的路很漫長，我還有得慢慢熬。

「停下來。」我不自覺地思考著。

「那我現在知道了改變要慢慢來，但是我記得，您說探索夢境會問我許多問題，但是今天好像都是我在講話和提問，您是不是還有問題要問我？」

解夢師開心笑了。「這要感謝棕色男子。因爲他把大部分我要問的問題，都在夢中先給妳了，所以對於探索夢境中物件的個人意義，妳已經整理了大半。例如：妳發現了長蛆蟲的小提琴，象徵妳犧牲了自己的喜好，讓自己彷彿長蟲一樣荒廢著；又例如：妳已經知道矛盾的石頭是妳，也想起了過去富有創作靈感、自信又敏感的自己；還有，妳發現『討好』和原生家庭的經驗有關；也發現……」解夢師壓低著聲音，煞有其事地說：「妳對自己滿刻薄的。」

我急著想要掩飾自己的羞赧，趕緊提問：「但是，難道一般夢境中都會像這樣，在夢裡就先解出大部分的個人意義嗎？」

「當然沒有唷，只有妳的棕色男子比較特別。也許是妳先前參加的入門課程有牢記在心中，所以影響了妳的夢境。不過，這也代表妳有相當的覺察力和動機。」解夢師回應道。

「而且，可能跟妳前一天正在思索的事情有關，所以才會出現這樣意義深遠的夢境。因爲通常，我們意識上思考的事情，像是一扇快速開關的小窗戶，會促發潛意識的大門在夢中打開。所以睡覺前一天，可能觸動到重要卻逃避的主題，使得潛意識作出相對應的夢境。」

「哦？」我思索著。

「妳可以想像成，就像是有人知道房子內藏著重要的東西，想看卻又不敢看，所以從外頭的窗戶悄悄地開個小縫偷看，卻又害怕地立刻關上。但是這個動作卻驚動了房子內的人，房子內的人等待天黑後，就打開大門，讓被驚動到的那些藏起來的東西，可以跑出來透透氣、演演戲，那就是我們的夢境。但是天一亮，它們又躲回房子裡了。」

「所以這個比喻中，房子外頭就是意識層面，房子內像是潛意識狀態？」

「是的。」解夢師滿意的點點頭。「而且，這才是『日有所思，夜有所夢』的真正意涵。」

「這樣啊。」忍不住回憶著夢境的前一天我在做什麼？

我不自覺開始喃喃自語：「我只記得那陣子喚起了一些回憶，加上我工作壓力很大，很想要中樂透然後辭職不幹。但是上了解夢入門課程後，發現還是沒有發財夢……

「對了，夢境前一晚，我剛好隨手翻閱那天入門課程的講義。而且發現自己寫下一句話：『我有壓抑什麼嗎？』」

「很好！」解夢師對我微笑著。

「所以是因爲我的意識層面閃過這個問題，就像您剛剛說的：『意識上思考的事情，像是一扇快速開關的小窗戶，會促發潛意識的大門在夢中打開。』」

「是的，所以顯現的內容，就是跟妳壓抑的部分有關。從夢境的長度來看，哦對了，妳這個是屬於長篇的夢境。像那天入門課程坐前排的女士問的夢境，就是屬於中等長度的夢境。」

「所以還有更短的夢境？也可以解？」我忍不住插話提問了。

「當然，短篇夢境即使只有一個畫面，也是可以解的。就像妳第一次來找我的時候，問的那個金色女子的夢境。」

「哦，原來如此。那，當時那個夢境，現在可以解了嗎？」

「不，一個一個慢慢來吧。妳現在這個長篇的夢境，正在演出內心壓抑的議題，而且以長度和內容來看，資料非常多，議題層面可能也很廣，而且妳說小灰女出現的場景是在小時候的家，記得我們說夢境場景很重要嗎？如果是小時候的家，表示這個議題觸及到原生家庭部分。」

「原生家庭？但是我並沒有跟娘家住在一起，互動也不多啊。」

「原生家庭對每一個人的影響，都是一輩子的。甚至已經形成了我們的個性、信念、價值觀、脆弱地雷區、穩固的力量等等。」

「哦？」

「所以，這個夢境恐怕要花上好一段時間，妳才能慢慢逐項解開和體會了。至於那個金色女子的夢境，妳終究會理解的。」

沉默了幾秒鐘後，解夢師突然說：「妳的夢境需要分多次進行，好吧，今天我們已經討論了很多，就先到這裡吧。妳先做些回家功課，下次再來談。」

「什麼？」我像是驚醒一般。「不行。我好不容易請了假，沒有下次機會了，我今天需要把所有疑問都討論完。我可以付兩節的鐘點費，不，三節也可以！」

解夢師：「為什麼妳說沒有下次機會？」

「因爲我的假是要留給必要時使用，不可以輕易請假。」

解夢師：「所以對妳來說，用在自己身上算是『不必要』嗎？妳有看見妳如何對待自己嗎？」

「……」我眞的啞口無言了，最近不斷的被多方提醒，我似乎對自己有些刻薄。

「讓妳失望的是，**改變和成長無法速成，需要慢慢來**。即使妳今天付了三節的費用，我們也眞的談了三節的時間，但是，效果卻可能跟一節相似。因爲，**心靈的成長是需要時間和空間慢慢消化和沉澱的。改變，是一段過程。**」

解夢師想了一下，突然又這樣宣告著：「好吧。爲了幫妳節省浪費，我決定讓妳一次付六節的費用，但是另外五節分別在接下來的幾周再談。」

「等等！」我身上的主婦魂突然醒了。「意思是說，今天要先預付未來五次的費用。那我非得要再請假五次不可，而且也不可退費。」

「沒錯。這是爲了確保妳會學習懂得『留時間給自己』，並且不論妳決定要不要改變生活，妳都不可以逃避『決定』這件事情。」解夢師微笑著說，並且她似乎預料到需要用「錢」來預防我「逃避做決定」。

我確定這是我遇過最高竿的對手，能夠這麼心安理得的要求預付費用。

那個微笑，跟棕色男子好神似，穩定又溫暖，語氣中帶有一種點到爲止的玄機，似乎相信著我總有一天會領悟。

我好想念棕色男子。生活中，沒有人會像那樣信任地對待我。

「那我今天能否再問個問題就好？」我仍然有些不甘心。

解夢師：「好的。我們還有一點時間，妳說吧。」

「我不確定自己解析石頭和椅凳的部分是否正確？我有漏掉什麼嗎？」

「其實妳做得很好。因爲在夢中，物品如果有『型態上的轉變』，例如妳的石頭變成椅凳，通常代表著這兩個物品因為某些因素而有的『因果關聯』或者『互動關係』。」解夢師說完，停頓了一下，似乎在等我消化。

接著她說：「另一種呈現方式是『型態上的複合』，例如妳最後有棵和石頭共生的植物，並且妳覺得是同一個物品。這表示它同時擁有這兩個物品的特性，無法做單一解釋，必須複合解釋才貼切。」

既然我理解方向正確，那就放心了，但是我心中其實有個更想問的問題。

「那個棕色男子是誰？我不曾認識他，我也不像他，我要如何才可以再見到他？」

我忍不住幻想，夢境會不會是先讓我遇見未來會出現的人呢？棕色男子會不會眞的存在於某處，只是我們尙未眞的相遇，多希望像電影演的那樣。

「慢慢來吧。總有一天妳會再見到他的。」解夢師又露出那種天機不可洩漏的表情了。但是這句話讓我燃起了希望。

我決定給自己一個深度探索夢境的機會。所以我答應了這樣的付費方式。

自由書寫，自在塗畫

解夢師出的功課是「自由書寫與自在塗畫」。

雖然她很仔細講解了一番，但是我仍然很困惑。走出諮詢室的時候，我看見一個熟悉的身影。是上次那位大姊。

大姊在等候室裡，自在又熟練的拿起「自由書寫」的小本子和鉛筆，流暢地書寫起來。她相當專注，寫的過程沒有停下來過，完全不在意旁邊是否有人，時而眼中泛淚、時而大口呼吸，好像是激動又安靜地在講話。

她在跟誰講話？說些什麼呢？

終於大姊好似寫完了，鬆了口氣，沉思了一會兒。她發現了我。

「太好了，妳又回來啦。果然有緣分。」

「請問，大姊妳剛剛在寫什麼啊？」我忍不住很想提問，大姊看起來像是資深的探索夢境者，至少我這兩次來這裡，總是遇見她。

大姊笑了起來，皺紋微微地延展開來。「我在自由書寫，這是自我探索很常使用的一種方式。我稱之爲『誰都管不著我的自言自語』。也就是說，不管那些寫文章的各種規則道理，也拋開什麼邏輯性或要言之有物什麼鬼的，就是妳腦袋中想到什麼、就寫什麼；愛怎麼寫、就怎麼寫，誰都管不著妳。」

她突然神祕了起來：「只有一個規則，就是不能停頓。書寫一旦停下來，理智就跑回來攪局，潛意識的門又會『碰』的一聲，關起來了。」

我究竟來到什麼地方啊？在這個崇尚理智和效率的社會中，怎麼還會有人推崇「慢慢來、自由自在的」？現在還誇張地認爲「理智是來攪局的」？

大姊像是分享寶物般的孩子一樣，興奮地說：「告訴妳啊，自由書寫一開始，妳可能無法像我剛剛那樣流暢，因爲會被很多很多腦中的聲音干擾，像是掛心生活瑣事啦，或是擔心被評價啦，或是覺得寫這個很無聊啦等等。但是妳不能投降，要一直衝下去，理智就是我們的防衛機制，像站衛兵一樣要我們食古不化，讓我們乖乖的像個人樣，然後逼我們壓抑和不自由，所以不衝下去是不會改變的。」

聽著聽著，我都懷疑是否要跟自己打仗了。

我認眞地看著大姊，心想著這位大姊眞是人不可貌相，外表像是一般的學員，甚至擺在大街上就是個路人，但是內心原來有這麼多學問和涵養啊。還是說，長期進行探索課程的人，都可以到這樣的境界？

大姊又壓低聲音，再強調一次：「記住，書寫不要停頓啊。如果真的不知道要寫什麼，就重複寫上一句話，直到下一句話又自動冒出為主，這是我的私藏密笈，只跟妳說啊。」

「好的，謝謝妳。請問，那妳知道什麼是自在塗畫嗎？」

「哎呀。妳這個小女生。」

雖然嚇了我一跳，不過，被前輩稱爲小女生，還滿開心的，彷彿我是她的孩子一般，倒也滿溫暖的。

「自在塗畫就是像小孩子一樣，想著夢境，想著情緒，然後亂塗亂畫的啊。妳沒有童年嗎？大家不都是這樣亂塗亂畫的嗎？」大姊講得理所當然。「一定是父母不准妳亂畫，或是妳遇到古板的老師，要求妳們畫畫都要照規矩來。」

我心中有些惆悵，不敢輕易回應這些問題，趕緊道謝和起身離開。我聽見大姊在我身後自在地哼起歌來，其實我心中有些羡慕。

如果我活到大姊這樣的年紀，是不是也可以像她這樣舒暢地過生活？人非得要到很大的年紀，才能拋開社會的眼光做自己嗎？

要如何自在地做自己，但是又不被別人討厭？

第四章／移動

這幾天我進行著自由書寫，漸漸地有些心得了。其實就像大姊說的一樣：「書寫的目的主要是讓我們內心不論有什麼，都先拋出來，所以不用管任何規則或社會眼光。」

每次寫完，我都可以從中找到幾句話，對我來說很有感觸的話語。

就像昨晚的書寫摘要：

「我被困在他人的期待裡。是誰囚禁了我？也許他們只是打開牢房門，但我卻自願走進去。然後現在我說想要出來，大家卻說沒有人綁住妳啊。是否我眞的可以想去哪裡、就去哪裡呢？」

我開始思考關於「困在他人期待裡」的事情，我繼續寫：

「我們往往都覺得是別人困住我們，但是究竟有幾分是現實生活眞的困住我們？又有幾分是我們自己給自己的限制？」

今天我出公差到外地辦事，中途因爲等候公文簽核的流程，我坐在對方機構的等候室。從落地窗看出去的視野很廣。我看見了對面的花店。

花店主人先緩慢地為店裡的每盆植物澆水，仔細端詳著，彷彿在照顧性格各異的孩子似的。然後他細心挑選，將好幾種類的植物擺出來，一一感受花卉的樣貌和姿態，再決定應該如何呈現在花束裡。

我被花束創作的過程，深深的吸引住。再也無法移開我的視線，每當花店主人拿出一朵花兒，我腦中已經閃過許多種擺放的樣式，以及搭配怎樣的襯葉，會形成相互映襯或眾星拱月的畫面。顏色、姿態、樣式、主題、氛圍……，我的腦子轉個不停、轉個不停。

我忍不住微笑起來。

到了隔天，這畫面還在我腦中。那些花朵草兒似乎會說話一般，我們笑談著如何創作讓他們更出色，變成獨一無二的美麗。

連續好幾天，我甚至在辦公桌上畫起了花束設計圖。然後上網找了多種花卉和枝葉的種類。也因此瀏覽到一個進修網站，我忍不住點開了「認識植物與插花教學」課程。

幾乎毫不猶豫地，我報名了。

以前的我，不會這樣衝動行事，但是也許受到最近探索內心的影響，我似乎燃起了善待自己的行動。

但我其實還沒想好如何跟我先生開口，說我要去上課這件事。因爲需要一筆學費，以及每周二晚上我會不在家中，小孩的接送和晚餐該怎麼辦呢？我冒著吵架的風險，等待適當的時機，小心翼翼地跟他開口：

「那個，我想問問你的意見，我希望週二晚上可以去上插花課程。連續八周，晚餐我可以早上先準備好，你和孩子只要熱來吃就好。只是要麻煩你接送孩子回家，如果不行，我再問問鄰居王太太可否幫忙？」

先生沒有特別的表情，平靜地說：「妳都已經安排好了，還需要跟我商量嗎？」

我心中有些緊張，不知道自己是否做錯了，也不懂他的意思是什麼。

此時小灰女突然衝出來，在我腦中講著：「糟糕，他生氣了，我不想要吵架。我們還是取消課程好了，他一定認爲我是不盡責的媽媽。妳趕快跟他說，我們不去上了。快！」

當然我不會全照著小灰女所說的，因爲那樣多委屈啊。

但是我的確受到她的影響，有些擔心不安，但同時又覺得有些委屈而生氣，但是矛盾的是，生氣我又不直接說。

所以，經過幾番內心戲之後，我正打算用酸溜溜的口吻說「如果這樣就讓你不高興，那我不去上課了。」

同時我可以預想到講這句話的時候，表面上我是順從討好，但其實心裡是很多抱怨和不滿的。然後我也可以猜想到，先生會感受到被指責而生氣，兩人應該會吵起來，然後這件事情就不了了之。

總是這樣的循環，這就是讓人無助的婚姻監牢。

令人厭煩的互動和爭吵，總是莫名其妙的重演著，兩個人都想停止，卻沒有人願意先退讓。偶爾有一方忍讓了，下次卻又加倍覺得委屈。

但是此時，我突然想起解夢師的話：「停下來。」

停下來。等待。

我什麼都沒有說。我們之間安靜了好幾分鐘。

先生突然說：「課程只有週二有嗎？如果是週一晚上，我可以準時下班去接孩子，然後帶他在外面吃晚餐。」

我簡直不敢相信我聽見的。

原來，先生之前說的那句話，意思並非不贊成我，或是責備我不盡責，而是他很在意的是，我並沒有把他放進計畫中，我早就預設好他不會幫忙我，就像我之前預設好兒子不懂事一樣。

我覺得有些感動，又有點慚愧。但是還不知道該怎麼反應。

兒子聽見了我們的談話，大聲歡呼起來。「耶！爸爸帶我去吃麥當勞，麥當勞！」

聽見麥當勞，媽媽的神經又綳緊了！

我幾乎脫口而出「不准吃麥當勞！那多沒營養。我看還是早上先準備好晚餐，免得你被爸爸寵壞，結果，到頭來還是什麼事都要靠我做。」

但是同樣的，我又想起那句話──「停下來。」

我忍住沒有說，我只是看著接下來會發生什麼事情。

老公把頭靠近兒子耳邊，假裝說悄悄話：「噓，爸爸帶你去吃什麼，你不要告訴媽媽。」然後想了想又說：「如果好吃，以後再帶媽媽一起去。」

兒子也用悄悄話回了老公：「但是也要媽媽不要罵人，我們再帶她去。」

我笑了出來。眼中不自覺的充滿淚水。

以前從來沒有想過，原來從兒子和老公眼中看出來的世界，和我想像的不太一樣。他們並不責怪我不盡責，反而是我太過嚴苛的對待自己，所以繃緊神經要當個稱職的媽媽，卻把關係也弄緊張了。

原來，只要我停下來，就會看見原本我看不見的——美好的風景。

「那個……謝謝你。」我有些不好意思的說著，說完才發現，我們夫妻之間，有多久沒有這樣將感謝說出口了。

聽見我的感謝，先生有些驚訝的看著我，似乎想回應些什麼，卻不知道怎麼說。

「嗯。」最後，他點點頭。

上完了一期的插花課，老師不斷地誇獎我有設計天分。我想，那是因爲老師用一般主婦的標準來看待我，不然就是些恭維的場面話。

不過，我很清楚知道自己整天幻想著：如果可以在花店工作該有多好？

那天，我看見了花店貼著「誠徵店員」的徵人啓事。我的心整天砰砰砰的跳著。

要換工作嗎？公務員一旦辭職了，要重考談何容易。

我回想起大四那一年，哥哥因爲經商失敗而負債千萬，妹妹還在念高中。當時父母整天爲了錢愁眉苦臉，他們把畢生積蓄都給了哥哥還債，但是似乎還不夠。

於是爸爸媽媽找我商量：「妳是否可以先有穩定的工作，例如考公務員之類的，如果眞的要走設計行業，等生活平穩了再說，畢竟，生活是現實的，要搞藝術、講夢想，也得先塡飽肚子再說。爸媽現在就只能寄望妳了。」當時媽媽還哭了起來。

我實在無法拒絕他們，看著家人爲了錢如此困窘，我如何能夠置身事外？當然，更別說跟著學長到美國學設計了……

當我眞的如願考上公務員時，他們生平第一次對我如此的重視和稱讚，我感覺到自己很有價值。

那幾年，我拿了許多錢回家，爸媽相當的開心。而我，也因此告訴自己：這一切都是值得的。

但是一晃眼也十二年了。我再也沒有機會走回設計，現在的繪圖軟體和設計程式我完全不懂，也沒有更新設計資訊，更沒有相關工作經驗，恐怕連設計助理都沒有人願意聘用。

自從在夢境中看見我「遺失了創作的自己」，不僅是悲傷，更是觸動到我對創作的深層渴望。

創作曾經帶給我如此美好的經驗，讓我感覺到自己是獨特的，給我一個自在的空間來展現自己。

在創作的星球裡，沒有束縛和限制，連被壓抑的敏感特質，都變成美好的天賦，讓我不自覺地閃閃發亮。

當年我不懂自己放棄的，竟然是如此重要的生命養分，如今，我有機會再次靠近它嗎？

晚上，我懷著忐忑不安的心情跟先生提這件事情。但是我知道，這跟上課比起來，根本就是一場家庭革命。

我很小心翼翼地這樣說：「如果說，我是先說如果，有一天，我想要到花店工作的話，你的意見如何？」

先生幾乎從椅子上跳起來。

他很大聲地說：「妳是說，妳要辭掉公務員的工作，去做一個花店的店員？妳有沒有想清楚？公務員是鐵飯碗，薪水穩定、福利好、又有退休金。從金融風暴後更是報考人數暴增，大家都搶著擠進去，只有妳巴不得出來？」

此時，小灰女在我耳邊尖叫，我費了一番功夫，勉強把她「停下來」。

但是關於要表達自己的想法，我還是很陌生。只能硬著頭皮先說說看。

我說：「我知道這影響很大，所以我想先找你談談。」一邊說，我一邊努力忍住不讓眼淚流下來，但是先生似乎沒有發現。

「你知道我大學是念設計的，其實我很喜歡設計藝術，花束創作雖然不是什麼了不起的設計，但是，至少是我喜愛的工作，我可以發揮我的……」

「所以妳就不管我們家了？」他仍然很生氣，直接打斷我的話。「少了妳的薪水，房子的頭期款怎麼辦？我們要租房子到什麼時候？等我們存到錢，房價又漲了。妳去追妳的夢想，有沒有想過這個家怎麼辦？孩子的教育金怎麼辦？等到老了沒有退休金怎麼辦？留爛攤子給我收拾嗎？」

他說的沒錯，我無法反駁。

他似乎稍微緩和下來，但是仍然很激動，喃喃自語的說著：「去上課是無妨，但是要換工作，這未免太理想化了吧。不能當作是休閒娛樂就好了嗎？」

最後，他補上了一句，小聲到我幾乎快聽不見：「妳有夢想，難道我沒有嗎？」

但是這句最微小的話語，徹底將我擊退了。

婚姻中，如果被冠上「自私」的標籤，就是死罪了。

我低著頭，小聲地說：「當我沒說吧。」

一轉身，我的眼淚刷刷刷地掉不停。

這問題就這樣擱置了好幾天，我和先生都沒有人再提起。

我並不是生氣，因爲我知道他說的是有道理的。只是心中充滿了悲傷和無奈。在夢想和現實的激烈衝撞下，我們能保有多少的堅持？

翻開前幾天的自由書寫，現在看來顯得格外諷刺：

「我們往往覺得是別人困住我們，但是究竟有幾分是現實生活眞的困住我們？又有幾分是我們自己給自己的限制？」

對我而言，一個有小孩、有家庭的婦女來說，我能有什麼自由度？

現實生活就是我們必須工作、必須賺錢、必須扮演好媽媽和妻子的角色。

現實生活就是要換工作談何容易？

我一個人可以餓肚子，但是小孩可以餓肚子嗎？

當你步入家庭，不再是一個人的時候，「做自己」就變成了一種自私的行爲。

當你離開某個領域，要再回頭，競爭力就變成血淋淋的戰場。

我忍不住想著，如果當初我沒有決定結婚，沒有決定生小孩，單身的我是否比較容易轉換工作？

如果當初我堅持要走設計，不要爲了家計而考公務員，現在是否就不會後悔了？

如果當初，我選擇和學長去美國學設計，我們是不是就……

到這邊我不敢再想下去。

人生無法重來，我已經選擇了留下、選擇了家人，選擇了安穩的婚姻。

即使無助感沉重，但是也不能輕易的離婚吧。

離婚？這個我以前想都沒有想過的選擇，什麼時候靜悄悄的來到我的意識中了？

「在妳還沒想清楚前，不要做太大的改變；但是一旦妳想清楚了，就勇往直前。」我想起了解夢師的話。

但是，什麼情況才算是想清楚了呢？

總覺得自由書寫似乎有些瓶頸了，我幾乎被沉重的無助感淹沒。

看著我的畫筆靜靜地躺著，也許，試試看自在塗畫吧。

這幾天，有好幾次我都想要嘗試自在塗畫，但是內心有很多擔心。

「如果畫出來很糟糕怎麼辦？如果我不會畫畫了怎麼辦？」

「如果別人看見了，一定會嘲笑學過設計的人怎麼會畫這得麼醜。」

我聽見了內心有很多擔心，都是擔心被批評，擔心表現不好。

我慌張地像個迷路的孩子，努力地尋找回家的路，總是幻想著家的溫暖，卻在終於返家的路上近鄉情怯。

恐懼自己並非找不到路，而是早就不屬於這裡。

在我陷入無助中的時候，卻有個聲音衝出來。

「不！我不能再逃避了。」

那位大姊不是說自在塗畫「就像小孩子一樣的亂塗亂畫」嗎？

爲什麼我連私底下，都不允許自己當個自在的小孩。

我忍不住寫下：

「如果現實生活無法給予我自由度，至少，我獨處的時候、我跟自己相處的時候，應該要給自己足夠的心靈自由吧。」

拿起畫筆，我決定拋開曾經是設計人的身分。畢竟，現在的我還有什麼好失去的呢？

「這不是畫畫，只是塗抹一些線條罷了。」

一開始，我仍塗得很小心翼翼，直到腦中浮現了那主管的咆哮：「妳到底有沒有心工作？」和大學時候的我：「做設計好爽喔。」兩個畫面激烈地穿插出現。我不自覺地加重了塗畫線條的力道和速度，我甚至用一種很宣洩的方式一直塗、一直塗，不自覺的塗滿整張紙。直到我意外地劃破了畫紙，才停下來。

我往後倒在椅背上，不自覺大口呼吸著，原本沉重的情緒好像隨著塗畫的線條，逐漸地舒緩出來。心情有股莫名的輕鬆感。

我決定繼續塗抹線條，但是這次不太一樣，我似乎有些開心，像是孩子拿到顏料玩樂似的。我腦中浮現了那株植物。

我動手畫起了他。

在我的線條下，他漸漸活起來了。

我很緩慢、很仔細地，彷彿對待一個受苦的朋友一般。

在塗畫中我理解了他。

那植物上的一顆顆石頭，都是一個個重擔，把這些壓在身上當然會無法伸展。我很自然地用畫筆，把石頭移開，把石頭變成美妙的陪襯品。

而我心中的某種感覺，也跟著舒坦了開來。

我突然懂了。

敲開了石頭植物不會死掉，他反而才有機會長成自己的樣子，只是敲開的過程會痛、會受傷，甚至需要割捨掉很多部分。

也許，剛開始旁邊的人會不習慣，也不贊成。但是植物本來就不需要石頭，他需要的是土壤、水、自由的空氣，這些才是養分啊。

而我生命的養分，如此清楚，爲什麼我卻緊抓著石頭不放呢？

是的，人生不能重來，但是至少，讓我有轉彎的機會吧。

我在心中祈求著。

懷著這樣的心情出門，我不知不覺地走進了花店，心裡想著看看也好。

做不了設計師，連當個花店店員的小小心願，也無法被允許嗎？我難過得幾乎無法思考了。

花店老闆發現了我，對著我說：「妳是來訂情人節花束的嗎？我跟妳說喔，我們訂單量實在太大，目前又還找不到幫忙的人手，所以，現在訂的話不能跟妳保證情人節之前拿得到喔。除非妳要訂一般款式，不然特製款式現在沒有人手做。眞的很抱歉，妳想想看再跟我說啊。」

噹！我像是中獎了一般。

我的聲音幾乎在發抖了：「老闆，請問……要擔任幫忙的人手，需要有什麼條件啊？」

老闆似乎有滿腹的苦水：「唉唷，這人手很難請啦，我們只能付工讀生的薪水，算時薪的。但是現在年輕人喔，動作慢條斯理的、又很有主見是沒關係，但是沒有基本的花卉觀念，不對的植物搭配在一起，不美觀就算了，有些植物的性質就不能那樣弄，他們就是講不聽。哪──多講幾次就不開心了，不做了倒是走得很瀟灑，幾天的工錢也不拿了，給我傳個簡訊人就消失了。唉……說了我就有氣。人手難請啦，相關科系的或有經驗的年輕人，都不想來我們這種地方。」

我愈聽愈開心了，忍不到問：「老闆，那個……我上過認識植物與插花教學，以前大學也是念設計的。因爲我白天還有正職工作，但是我可不可以，假日或晚上來這裡打工呢？做什麼都可以的，短期的也沒有關係，給我工讀時薪就好了，剛好你們情人節檔期缺人手啊。」我幾乎用懇求的語氣了。「我學習快、抗壓力又強，你怎麼罵我、念我都沒有關係的。」

老闆驚訝地抬起頭看著我，似乎長這麼大沒聽過這樣的要求。他想了想，憐憫地說：「小姐啊，妳是欠人家多少錢？要這樣拚命兼差？」

「不是啦！其實是因爲當年，我跟設計這條路錯身而過，爲了家計當了公務員，可是其實我眞的好喜歡設計，我沒有想到自己會這麼懷念創作。我常常在你們店外面看著，我知道，你偏愛大紅色和鵝黃色、粉紫色和米白色的搭配，而且你喜歡花朵是錯落型，有點層次或波浪感……」

我忍不住愈說愈多。

我似乎嚇到老闆了。他正張大嘴巴看著我。

我的聲音變小了：「就算是讓我圓個夢吧。打工兩週，你不會有損失的。」

最後，我是跳著回家的！

兩週假日的打工，額外的收入，先生應該沒理由不答應的。

我也是跳著上班的。我像是很飢渴似的，花店老闆教過一遍的東西，我立刻全部記住了，就算記不住的也寫在筆記本裡面了。

我開始動手創作花束，客人來訂單的時候，我會仔細地額外詢問他希望傳達的心意是什麼？有沒有想要表達的意涵？然後運用我敏感的特質，抓住客人想表達的情感，將感受呈現在花束中。每個作品，都像是不同的人在傾訴祕密愛意一般。

甚至，我會把店中多餘的木頭或配件，稍作修改或雕刻，然後當成花束中特別的裝飾，讓每個花束都變成獨一無二的。

客人好喜歡收到獨一無二的花束，花店老闆也對我讚譽有佳，還問我要不要辭掉工作，來店裡做全職員工。我聽著很開心。

我夢裡的椅凳全部都回來了。

我找到那個創作的自己了，好像一株終於把手腳伸展開來的植物一般，很美麗而滿足地生長著。

此刻，我好希望跟棕色男子分享我的喜悅，我知道他會為我感到開心，而且可能這世界上也只有他能深刻地理解我，並且衷心地為我追尋自己而感到開心。

他會對著我微笑，點點頭。

我有時候甚至會幻想，也許棕色男子是未來我會遇見的某人，或是某個被我刻意遺忘的人。只可惜，我是有婚姻的人。

但是，單純幻想不存在的人物，應該無罪吧。

最後一天打工，老闆預約我下次的節慶工作日期，還一直要我考慮轉正職的事情。

先生來接我下班時，我們一句話都沒有說。

隔天晚上。我正在整理衣服。

先生主動走到我身邊坐下來，沉默了一陣子。我感覺他有話想說。

他先是嘆了口氣，然後說：「昨天我去接妳時，其實我在門口等了妳一個鐘頭。」

「他是不是要抱怨等很久？」小灰女已經很習慣在我腦中說話或尖叫，並不會眞的脫口而出干擾對話。所以我沉默地聽著，繼續低著頭摺衣服。

他繼續說：「其實是，我看著妳做花束，看了一個鐘頭。」他停頓了一下。「而且，一點都不無聊。」

我抬起頭看著先生，心中覺得有些驚訝，我知道他不懂得誇獎人，也不懂得表達內心的情感。所以，他這樣說，已經是很大的肯定了。

沒想到他繼續說：「我看見妳好快樂……我好久沒看見妳這麼快樂了。」

短短的兩句話，卻好溫暖。此時我濕了眼眶，被看見的感覺眞的很感動。

他拿出一張紙條遞給我，上面寫了些資訊，但是我視線太模糊，低頭卻看不清楚。於是他說：「這是，我列出我們可以做的事項，第一條：原本預計明年換車，現在改爲能開多久就撐多久。第二條：找郊區一點的房子，讓房屋頭期款減少四分之一。如果妳也覺得可行，其實我們可以開始看房子了……」

他緩了口氣，努力的把話說完：「而且，領完年終獎金後，妳也可以換工作了。」

我簡直不敢相信我聽見的，張大嘴巴問：「眞的嗎？」

他羞赧的抿著嘴，點點頭。

我撲倒在他肩膀上哭泣。

他嚇了一跳，有點手足無措的說：「哎呀，幹嘛哭呢？沒事、沒事。」

我抬起頭，擦了擦眼淚。

他假裝鎮定的說：「如果有一天，妳變成名設計師了，再買新車給我吧。」

我打趣的說：「我最多就是變成花店店長，哪來的設計師？」

「哦，那我退休後就有事情做了。我去當掃地的。」他說完哈哈地笑起來。

我們兩個一同笑了開來。好久，沒有這樣的互動了。

「謝謝你。」我認眞地看著他。「如果有一天，你也想要追求夢想，一定要告訴我。我會全力支持你的！」

他有些驚訝，但是又顯得開心，微笑著點點頭。

此刻的婚姻，不是監牢。是好眞實又貼近地分享、經營著生活。

婚姻無法像戀愛一樣，單純的享受浪漫，自由的移動著；

但是戀愛也無法像婚姻一樣，這麼眞實又努力地平衡著「現實和情感」，在衝突與協和中共同生活。

如果未來有一天，我眞的遇見現實生活中的棕色男子，我打算要告訴他：「很抱歉，我結婚了。而且，我現在從事花束創作的工作了。」

第五章／碰撞

「妳知道自己為什麼有這些改變嗎？」解夢師一邊看著我的自由書寫，一邊聽著我最近的變化，微笑問著。

「嗯，說真的，我自己也覺得很不可思議。」

「我們來整理一下妳改變的歷程，這樣妳才知道哪些東西對妳是有幫助的，往後可以繼續做下去。」聽到解夢師這麼說，我很認真地回想這陣子的改變。

「首先，我照妳說的，每次都提醒自己要停下來。」

解夢師微笑著認同我：「而且，要做到停下來，必須要有所**『覺察』，也就是發現自己正在重蹈覆轍舊有的模式**，例如妳提到從夢中發現的小灰女是妳自己習慣討好的模式，每次妳一發現小灰女的聲音出現，妳就會停下來。」

「是的。而且停下來後，我發現原來關係中的某些互動是我自己的『預設立場』，例如我預設孩子不懂事、丈夫會責怪我之類的。但是其實有部分是被我自己的預設立場而放大，或者變得口氣不好所以雙方爭吵。」

解夢師點點頭，鼓勵我繼續說。

「而且我停下來後，不只是發現自己會預設立場，原來我先生也會預設我的反應，所以造成誤會。因此現在我不直接跟他吵架，而是就他預設的錯誤的部分去解釋，他懂了，自然就比較不會吵架了。」

「哇，眞是不簡單。」解夢師很發自內心的說。

「嗯，不過，其他的改變我就不知道是爲什麼了……像是可以成功地換工作，可能是我運氣很好吧。」我這樣說著。

但是解夢師卻不這樣認爲，她接著說：「不，事實上妳做了很多，但是妳自己卻不知道。」

「有嗎？我只是照妳說的，每天都做些自由書寫，以及嘗試做自在塗畫啊。」我覺得很困惑。

「這就是囉。自由書寫是為了讓我們的意識自由自在地流動，一面紓解壓抑的情緒、一面帶出潛意識深層的想法。」

「怎麼帶出啊？」

「這樣說吧，妳曾經看過小河流嗎？」

「看過。」

「那妳知道此刻妳看見的小河流，它的源頭在哪裡？經過哪些地方？是否被沿路的石頭、土壤、山壁等等，改變了內容物？」

「這個……我不知道。」

「是的。妳可以想像，我們意識上的想法是流動的狀態，就像我們最後在山腳下看見的河流一樣。但它其實是源自於內心深處的水源頭——潛意識，但是一路上經過了層層理性的自我防衛機制，就像層層的石頭、土壤、山壁，把那些壓抑的、焦慮的、不想被看見的，通通過濾掉了。最後，妳在山腳下看見的，基本上都是妳可以接受的部分，也都是比較理性或合乎情理的部分。」

「哦——所以？」

「所以自由書寫強調的，就是要讓這個意識河流自在地流動，才有機會知道心中最深層的想法。不需要特別啓動理性、控制的部分，意思就是說，被理智過濾得愈少，我們才有機會發現被壓抑的內容。並且，不能停下來，因為停下來的瞬間，理性的過濾機制會趁機大發揮。」

「原來是這樣……」

「而且，書寫持續自由流動，也能持續沖刷出潛意識中壓抑的情緒。一舉兩得。」

「我沒有想到原來自由書寫，有這麼多奧妙啊。」

「是的。而且通常需要經過多次練習，才能愈來愈抓到『自由自在寫下去』的步調。一旦抓到了，回頭看自己寫的東西，很多人會發現，書寫內容一開始亂亂的，表示足夠隨興；中間可能會抒發些情緒，甚至不自覺地跳到某些主題，通常代表成功帶出潛意識的訊息；然後情緒抒發足夠了之後，結語可能會接著比較有力量的話語。」

聽見解夢師這樣說，我翻了翻自己書寫的內容，的確有些部分是如此。

「不過，有些人不論如何練習，理智和控制欲都很強大，實在難以放鬆，這時候可以試試看自在塗畫。因為塗畫的方式更沒有規則，線條和顏色通常會帶出更多無法理性操控的情緒。」

我想起自己的確在嘗試自在塗畫之後，有了明顯紓解的感覺。

「壓抑的情緒紓解了，才有改變的可能。」解夢師繼續說。「夢境雖然讓妳看見內心的自己，但是光是看見還不足以構成改變。必須要妳願意發自內心，給自己自由釋放情緒的空間；情緒紓解了，內心的空間才會開闊起來，也因此，妳有更多力氣可以繼續尋找改變的可能性。這也就是我之前說的『心結打開了，會釋放更多能量』。」

我聽了感覺全身舒暢了起來，是的，這就是我最近體驗到的經驗。

有時候我允許自己有哀傷的空間，允許自己可以心疼自己。

有時候我覺得有能量，想要再去試一試，就像那天如果我沒有走進花店、沒有厚臉皮跟老闆開口、沒有嘗試花店打工，先生怎麼有機會看見那樣快樂的我，然後真正懂得我想要的是什麼呢？

「但是，我們一般不是也常說要『紓解壓力』嗎？然後紓解壓力的方式不是很多種嗎？像是看電影、聽音樂、聊天、運動、畫畫、旅遊……等等，這些不也都是紓解壓力和情緒，爲什麼就沒有這樣大的效果呢？」

解夢師的表情似乎在說我問了一個好問題。「沒錯，這些也都是紓解壓力的好方法，並且是生活必需要的紓壓和娛樂。不過，這些紓解的是現實生活的壓力，但是夢境是來自潛意識的情緒，紓解的是被壓抑的情緒，妳可以想像成是深度的、平常不會被發現的情緒。也就是平常不容易被紓解到的部分。」

「哦，妳這樣說我好像懂了。平常的紓壓是紓解到『我工作好累、好苦悶啊』，但是從夢境探索中紓壓到的是『我遺失了創作的自己，這是件悲傷的事情』，是嗎？」

「太棒了！這就是自我探索的深度療癒啊！」解夢師大叫了起來，我嚇了一跳，不過是很開心的。

我喃喃自語的說著：「所以如果不是從夢境中發現這些部分，我還眞的無法紓解到這些壓抑的情緒。」

解夢師說：「而且不只是紓解情緒而已。妳有沒有發現在自由書寫的過程，妳對自己會產生一種新的感覺，像是妳這邊寫到的『原來我對自己這麼糟糕』、『好辛苦啊』……等等。妳試著描述看看，妳寫這些文字的時候，對自己是什麼態度呢？」

「嗯，一種……很奇妙的感覺，那種感覺很抽象，好像是在……心疼自己。」

「對！妳是用感情在心疼自己，不是用理智來分析自己。這是很大的不同，如果用理智分析自己，妳只會有一種在知識上的『我懂了』，但是不會有一種被支持、被深深的理解，那種有溫度的、關懷的說『我懂了』。」

我知道，就像夢中棕色男子對待我的方式一樣。

我從來就不知道「如何對自己溫暖而關懷」，直到我夢裡遇見棕色男子，透過他溫暖而信任的笑容，我才懂得心疼自己、關懷自己。

夢中的小灰女要我看見自己的脆弱。

夢中的棕色男子教會我關懷自己。

想到這裡，我突然有感而發。

「最近，我有一種好像愈來愈清楚，知道自己是什麼狀態，知道自己要什麼了。」

我忍不住微笑著。「而且，我也愈來愈有勇氣，去追求自己想要的。」

「這的確是很棒的事情。不過……」解夢師突然有些嚴肅的表情。

「改變的過程通常會有許多起伏。看見愈多，衝擊到的生活也可能愈大。妳需要有所心理準備。」

聽到這裡，我有些莫名的不安，卻不知道該擔心什麼。

「記住。在妳還沒想清楚前，不要做太大的改變；但是一旦妳想清楚了……」

「就勇往直前！」我忍不住接完這句話。

到花店工作雖然很辛苦，有時候也很有壓力，難免遇到些不好招呼的客人，或是不小心疏忽了，就可能會使花朵綻放期縮短，當然不免被老闆嘮叨一番。

但是整體而言是很幸福的。爲了喜歡的事物而吃苦，本來就是現實世界的美妙之一。

最近有許多人很困惑地問我，爲什麼要辭掉穩定的公務員，去當一個只有基本工資的店員；也有許多人潑冷水地說，花店店員不算是設計工作吧；更有一些人聽見這樣的工作，露出憐憫、或是輕蔑的眼神。

不夠堅定的時候，我也會動搖或慌張；

但是當我獨處的時候，我知道，這樣的轉換是爲了更接近自己。

我告訴自己，不需要追求別人的認同，那樣反而才會迷失了自己。

當年的我，就是這樣遺失自己的，現在我好不容易甦醒了，爲什麼還要爲別人的看法而自我懷疑呢？

在花店工作的我，是快樂的，是自由的。知道要欣賞自己的敏感特質，運用在創作表達上。每天，我都像層層綻放的花朵，彷彿永遠都沒有盡頭。沉醉在創作生活的享受裡，彷彿和工作熱戀中。

這樣「豐足的快樂」就值得了，不是嗎？

而婚姻關係也因爲先生的體諒，和我們互動上的彼此調整，有了些微的改善。使我想要跟先生分享更多，開始期待他或許會更懂我，期待我們的互動品質或許有轉換的契機。

但是當然，期待愈高、風險愈大。

這天晚餐時，我很開心地跟先生分享早上的創作心情。

「你知道嗎？今天有個客人，想要訂一束花給妻子，作爲結婚三十年的周年慶祝。他好開心地回憶著當初認識和約會的模樣，還一直描述自己在摩天輪上的求婚……所以我一邊著手他的結婚周年花束，一邊想著這麼特別的意義，應該要有特製的回憶，不然等到花朵都凋謝了……」

先生突然打斷我：「所以妳要講的重點究竟是什麼啊？」

「喔，就是……。」我有點錯愕，不過還是試著繼續講下去。「我突然有了靈感，把許多軟鐵絲折成了摩天輪的形狀，放在花束正中央當主題，整束花瞬間耀眼了起來。我花了很多巧思，整個早上都在快樂地創作。」

「整個早上？三個鐘頭？」先生很困惑地問。

「對啊，差不多。」

「那束花賣多少錢？有加價嗎？」

「六百元，沒加價。因爲是我自己要額外創作的，客人沒有特別要求。」

「所以整個早上妳就只有幫老闆賺進六百元。扣掉成本和人事費，這太誇張了，店家還倒貼賠錢。這產值太低了。」先生一邊翻著報紙，一邊漫不經心地說著。「這年頭工作不好找，這件事情別讓老闆知道了。」

「……」我瞬間被潑了很大一桶冷水，從頭清涼到腳。本來已經準備秀出手機裡的花束照片，包括客人興奮地和我合照，此刻都變得很尷尬。

「媽媽，我要看摩天輪！」倒是兒子興致勃勃地把手機拿了過去。

「哇——好可愛的摩天輪，好像喔，原來我媽媽眞的是畫家啊！媽媽幫我做美勞作品，人家同學的媽媽都會幫他做。」

這諂媚的小子含淚使出哀求大絕招。「拜託嘛，我自己做的都不像，每次都被老師罵。」

我把兒子拉到眼前來，按著他的肩膀，忍不住滿腹牢騷話。

「孩子，我跟你說。作品是每一個人用靈魂去創作的，裡面有想法、有感情、有情緒，每個作品都是獨一無二的，沒有所謂的對錯。知道嗎？」

兒子張著嘴巴，有聽沒有懂。

「很多事情無法用金錢衡量。這輩子，絕對不要讓老師、或其他人用任何外在標準去衡量你作品的價值。不管別人怎麼批評你的作品，你都要相信自己。還有……」

接下來這句話，眞的是名副其實的指桑罵槐了。

「你千萬不要跟不懂得欣賞你的人在一起。」

這天，我還是忍不住跟先生抱怨著。「你根本沒有認眞聽我說話。」

「拜託，我工作已經很累了，最近我們經濟壓力很大，什麼原因妳也不是不懂，我都努力加班了，妳還想要我怎樣？」

我們兩個最近時常在不知不覺間，口氣愈來愈大聲。也常常講沒幾句話，氣氛就很僵硬。我感覺先生常常冷漠地回應我，或是話中帶話，抱怨我換工作讓他壓力很大之類的。

「如果你這麼不情願，當初就不要答應我換工作啊！現在才來責備我，我能怎麼辦？如果你擔心經濟的部分，我們可以再討論……。」

先生突然打斷我。「討論？妳最近常常說什麼心情、什麼討論的，又常常抱怨我不認眞聽妳說話，妳情緒太敏感了吧……到底是怎麼了？自從妳說什麼做了一個夢，去找了什麼解夢師之後，就變得很奇怪。是不是道聽塗說了什麼？」

聽到先生指責我太敏感，我突然很生氣，口氣也愈來愈激動。

「不要隨便批評我的個性，敏感又不是錯誤！我敏感，總比你愛生氣又不直接講好吧？」

先生聳聳肩：「拜託，是誰在愛生氣啊。」

此時，我覺得徹底失望，冷冷地說：「算了，反正你從來就不懂我的感覺。」

「那妳就懂我嗎？妳去追求妳的夢想，有想過現實生活怎麼辦嗎？妳有夢想，難道我沒有嗎？」

我的確不知道先生的夢想是什麼，他也從來沒有說過。

先生突然大吼了起來。「我的夢想是環遊世界！去很多國家，看看不同的地方！妳又知道了嗎？」

我聽見他口氣中的強烈失落和生氣，但是也覺得委屈：「你不說我怎麼會知道……」

「我明明就說過！去年我說我們去歐洲玩吧，妳就說歐洲很貴，團費不便宜，小孩學校請假太多天會跟不上進度，老闆也無法讓我請這麼多假什麼的。」

「可是，你當時並沒有說環遊世界是你的夢想啊。你只說要全家跟團去玩，這和夢想是不一樣的。」我努力想要解釋著。

「明明就是一樣的意思！妳當時也表達了對出國的看法。」

「內容一樣，但是意義不一樣啊，你不說我怎麼知道呢！」

「哪裡不一樣？出國就是出國。」

此時，我驚訝地發現一個重要的眞相，令人洩氣的眞相。

「你有發現嗎？我們兩個的思考方式根本不同，我重視的是感受和意義，你看到的是實際層面的因素……這就是我們本質上的不同。」

「拜託，什麼本質？從出國討論到本質，會不會扯太遠了？」

「你看，我們根本無法溝通！」我幾乎用了尖叫的語調。

「那幸好這點還有共識！」先生狠狠地回敬我。

我們用最大的音量吼了出來。這些年來，我們很少這麼激烈地爭吵，似乎彼此有種爲生活打拚的固定模式，沒有人會去提太多個人的部分──關於那些渴望、感受或夢想。也因此，不會有如此多的衝突。

而近日類似這樣的衝突，卻爲這段婚姻揭開許多無奈和絕望。諷刺的是，這才是婚姻關係的「眞相」。

兒子躲在門後面，看起來很害怕。

我想起了小時候的自己，我不想要讓我的孩子，也同樣擔心受怕。自從當了媽媽之後，我一直告訴自己，要給孩子更好的家庭環境，而我也努力地維持著。

但是，我再也無法假裝對婚姻沒有任何要求了。

有些眞相，一旦看見了，就無法再假裝不存在。

「我們需要彼此冷靜一下，我帶兒子回爸媽家住幾天吧。」

一進娘家門，行李還沒有放下來，就聽見媽媽的連環攻勢。

「我說妳啊，換工作的事情也不跟我和老爸商量，年紀不小了，做事還這樣莽撞，不懂得考慮後果，妳爸因爲這件事情氣了好幾天。妳現在居然還跟老公吵到要回娘家，我眞的是……而且家裡房間不夠住，妳大嫂就要生第二胎了，妳幫幫忙別再讓我們心煩好嗎？」媽媽似乎不需要思考，就可以講出很多責備的話語。

對，回到這個家，我依然沒有自己的空間。

爸爸的話少，但是語氣更重了。

「妳可不要給我鬧離婚，不然我的臉都讓妳丟光了！如果妳離婚了，到時候休想搬回家！」

「爸！」我突然大叫。

爸媽都嚇了一跳，嘴巴暫時停下來，但是怒氣可沒有。

我吸了一口氣，忍住了怒氣。「當初大哥做生意破產，你們要我分擔家計，去考公務員，我也照做了，都十二年過去了。現在我只是想找回自己喜歡的……」

我想要努力地爲自己的行爲解釋，讓父母可以理解我的決定。或者至少，降低一些責備。

但是，我突然發現一件重要的事。

為什麼我做什麼決定，要徵得所有人的認同？

為什麼我的人生要一直在意別人對我的看法？

我決定豁出去了，父母不認同我的決定也沒有關係了。

我只想爲自己說說話，而不是爲了尋求認同而拚命解釋著。

「這些年，我好累了……。你們有沒有想過要先關心自己的女兒？」說完後，我卻被自己的話弄哭了。

原來，活在符合別人的期待中，是這麼辛苦，這麼孤單。

這是第一次，我說出眞實的感受，讓父母看見我的脆弱無助，而不是繼續僞裝堅強。

也許，能夠表現出脆弱，反而是更需要勇氣的一件事。

媽媽看見我哭，嚇了一跳。畢竟她已經好幾年沒見過我流淚。

「好吧，好吧。我看算了，先吃飯吧，我去廚房準備。」

「隨便吧。妳愛怎樣就怎樣吧。」爸爸更是不知所措，趕緊轉身回客廳跟孫子嬉鬧。

我站在原地，擦了擦眼淚。

一回頭，看見大哥站在我身後，應該已經一陣子了。

我還來不及反應，他卻先開口了。

「喂！講什麼破產，我那時候只是週轉不靈好不好？跟爸媽借個幾百萬周轉，他們就大驚小怪的，以爲天要塌下來了。做生意難免嘛，沒有點風險怎樣成大事？」大哥依然是我行我素的口氣，看來當了爸爸也沒有成熟多少。

「什麼？」

「說妳啦，不要把自己演成悲情角色啦，又不是我叫妳去考公務員。想做什麼就去做，老頭們的話聽聽就好，自己活在別人的期待中，幹嘛？以為自己是救世主喔。就算哪天我破產，也是我家的事。」

「對對對。你只要活在自己的世界就好，什麼都講得很容易。說穿了就是自私的人過最爽，只要顧好自己就好。」

「拜託，妳不要自己不敢去闖蕩人生，然後硬要說是為了別人犧牲的。好心被狗咬，我幹嘛，吃飽沒事找架吵，每天應付妳大嫂的脾氣已經夠煩了。我只是想說，妳想做什麼就去做，沒有對不起自己就好。但是也不要把妳自己的決定牽拖到我身上。」

大哥說完就轉身回房了。

我滿肚子的怒氣，但是大哥最後幾句話又好像是贊成我離職的決定？還是只是想推卸責任？他到底想表達什麼啊？

我一陣錯愕。

難道一直以來，我以為「自己為了家裡犧牲付出，雖然委屈卻有貢獻的故事」全部是一種自我安慰？

家裡沒有破產，只是週轉不靈；而我的選擇，只是長輩驚慌失措下的鎮定劑。

天啊，我的人生，究竟是如何允許被操控得亂七八糟？
更慘的是，原來這十二年，我竟然一點實質貢獻也沒有。
大哥告訴我的眞相，徹底否定了我黯淡人生中的最後一絲貢獻。
此刻，我的怒氣只是不起顯的底色。
這畫面，像是一片被打破的鏡子，支離破碎。
這十二年的歲月，徹底變成空殼。

「不敢去闖蕩人生……」這句話聽起來格外地刺耳。

我獨留在玄關間，和沉重的行李。
站在過去被徹底否定，未來又混沌不明的此刻。
我該去哪裡？

隔天一大早，我看見先生傳給我的訊息。

「我把書房清理出來了。以後，書房就給妳用，妳和孩子回來吧。在妳父母家也不方便。」心中一陣酸酸的感覺。

說他不懂我，可是有時候，又似乎懂我。例如此時，他似乎懂得我在娘家也有些困窘的處境。

昨晚我離開家之前說的話：「在這個家，我卻沒有自己的空間。」即使他聽不懂感受的部分，卻可以在實際層面作出回應——真的讓出一個專屬的空間給我。

但是，光是這樣的偶爾懂、偶爾調對頻率的互動，是否就可以當成終身伴侶？陪伴一輩子的人，是要能一起打拚生活就好，還是需要有心靈的交流？

婚姻就是另一種家人的形式，只是家人是上天選的，婚姻伴侶卻是我們自己選的。我當時選了一個符合丈夫標準的伴侶，卻可能不符合我想要的婚姻關係。

而當時的我根本不知道自己想要什麼，現在才開始看見自己想要什麼，會不會太晚？要付出的代價會不會太高？

我陷入自己的思考中，久久沒有回應訊息。

沒想到，先生又傳來下一句：「一直待在娘家，會被笑話的。」成功的雪上加霜，澆熄了僅存的一絲溫度。

搬回家後，先生似乎刻意每晚加班到很晚，而我也搬到書房去睡，我們在同一屋簷下各自生活。像是偶遇的室友，只是一起分擔房租水電和責任。

弔詭的是，這樣冷戰反而平靜了，彼此保持一種井水不犯河水的互動。即使我看見他熬夜在玩線上遊戲，都不屑去干涉。「室友想怎樣過生活，不甘我的事。」

我知道，一切都無法再回到從前。

因爲我不再是那個忽略自己的女孩了。我想要更重視自己，而不是一直符合別人的期待或標準。

我爭取到了自己的空間，也開始保留許多時間給我自己，屋子不再潔癖般的隨時維持整潔，也狠下心來訓練孩子自己做功課和分擔家事。

省下來的時間，我去上瑜珈課，帶兒子到公園運動，有時候我在書房畫畫、書寫或看書。甚至報名了一系列社區大學的電腦繪圖課程，而同時段剛好安排兒子在隔壁上自由創作課。偶爾週末想在花店加班時，先生還會配合帶孩子去參加公司的運動或聚會，剛好這小子也很喜歡，因爲有許多同年紀的玩伴。

我發現當我有心要重視自己的時候，以前覺得不可能突破的限制，例如沒有時間、沒有辦法分身帶小孩……等等，現在居然都有辦法克服了，關鍵就在於，你願不願意花心思在自己身上，或者很輕易地就投降退讓。

我嘗試了新髮型，體態也變得更緊實，氣色因健康而紅潤許多。臉上也多了些笑容和自信。

我更喜歡現在的自己。

即使父母和丈夫，可能並不懂我。

這天晚上，電腦繪圖班下課後，我和兒子在路邊等公車，兒子吃著老師發的小餅乾，隨意踢著路邊的小石頭。

「媽媽，我不想上畫畫課了。」兒子表情落寞地說著。

「為什麼？你不是說老師人很好。」

「對啊，可是，我每次不管畫什麼都被同學笑。」

「媽媽不是跟你說過，畫畫沒有標準答案，不要因為別人笑你，你就覺得沒信心，因為……」

兒子很大聲地打斷我：「唉唷，你說過一百遍了啦。可是，我下課後就想去打球啊，我想要參加那個棒球班。」

「媽媽平常已經讓你玩很多了，可是你就是坐不住，老師每天都寫聯絡簿跟我告狀。這種室內課可以訓練你的耐心，你就算想當運動員，也是要有耐心、毅力的對不對？媽媽又不是要你考試一百分，只是要你練習靜下心來一堂課而已。你都不願意？」

「爲什麼一定要上課……」小子嘴巴繼續嚷嚷著。

「不然你要上什麼室內課？」我不自覺地口氣變得很嚴厲。「英文？作文？還是再去安親班補習？」

「唉唷，我不要啦。」

「是吧？你那麼排斥上課，媽媽只是給你安排個自由創作課，沒有給你壓力、沒有要求成績，就只是練習坐得住，練習表現創意，然後懂得欣賞自己的作品，你就……」

「什麼是欣賞？」

我眞的是讓這小子打敗，好，沒關係，我這個當媽的再認眞開導你一次。「就是不論你做出來的作品如何，都是特別的，因爲藝術沒有標準答案，不用一直想要跟別人一樣，你要欣賞自己哪裡特別、哪裡好，才會喜歡自己的作品，喜歡了才會有信心，然後才坐得住。」

小子拿出今天的作品，在我面前晃。「那這張呢？好看嗎？」看得出來這是一張很沒耐心，隨便撇一撇的作品，我心中一把火，深吸一口氣，要自己別動怒，好好開導就好。

沒想到這小子搶先回答：「很醜對吧？根本沒有人喜歡，還叫我欣賞。」

「……」我一時語塞。

兒子突然很認眞地問我：「那媽媽妳欣賞我嗎？」

「呃……」我沒想到他會突然這樣問，一直都覺得他還是個孩子，要努力地形塑他、教育他，盡好母親的責任，但是至於要「欣賞他」，我好像從來沒這樣想過。

基於奇怪的心虛，我趕緊回答著：「當然欣賞啦，你是我的小孩耶。」

「那妳說欣賞我什麼？」

「欣賞……欣賞……你會幫我做家事的時候，欣賞你認眞寫功課的時候，欣賞你會幫助其他小朋友的時候。」

「喔，那就是很少欣賞我。」兒子的話語，像是一棒打在我頭上，我彷彿搬了石頭砸自己的腳。

「啊，公車來了。快點上車了。」公車這時候眞的是解救了我。一上車，我找好位置給小子坐下，然後趕緊拿出手機假裝很忙碌，但是心裡一陣慌亂，兒子的話語好像有道理。

我欣賞我的孩子嗎？

是因爲他的表現好，符合我的期待我才欣賞他？

還是我可以欣賞他這個人的樣子？

對於他爸爸也是，我欣賞他嗎？

看著兒子坐在窗邊，幼稚地數著經過的車輛，然後沒多久，就把平板電腦拿出來開始打電動。

如果這孩子就是和我「不一樣」，如果這孩子就是不符合社會期待，功課不好、不愛念書，我還能欣賞他嗎？

我繞了一大圈，才開始懂得欣賞自己的敏感特質。小時候，父母和老師常常罵我「有什麼好哭的？」「不要發呆、別老想些有的沒的！」但是，從來沒有人誇獎過我情感豐沛、有想像力，更別說欣賞我的敏感了。

那兒子呢？我總是罵他坐不住，但是，另一面的優點是什麼？

愛玩？好動？

怎麼聽起來還是負面的？

活潑？外向？

嗯，很一般的形容。

天啊，

我不懂得欣賞自己，也不懂得欣賞我的孩子。

我是否該重新學習如何欣賞我的孩子？

每個人喜歡的不一樣，即使是媽媽，或許也不應該強迫孩子，非得長成自己期待的樣子不可。

思考了一陣子之後，我決定讓出一些空間給兒子。「如果你真的不想上畫畫課，就不要上了。」

兒子抬起頭來。「啥？真的嗎？耶——」開心地手舞足蹈。

他繼續得寸進尺地問：「那我可以去棒球班嗎？」

我深吸一口氣：「你是說，你不要參加學校的課後安親班，要直接去打棒球。」

「對啊！」兒子整個臉亮起來。

這小子哪來的自信，覺得媽媽會答應他？

「好，你可以去做你想做的事情，但是前提是『你得先做好該做的事情』，就是把功課寫完。只要每天把功課寫完、訂正完，就參加棒球班。」

「厚，條件這麼多……」這小子還給我嘟嘴。

「你自己選吧？下課後去安親班，被逼寫功課；還是趕快把功課寫完，去棒球班玩。」

我竟然對著小子很認眞地說：「這是你的人生，你自己決定吧。」

小子聽完之後，沒有回答我，繼續低頭打遊戲。

平常我應該要一把火的，但是此刻我只想「停下來」，覺得自己的思緒很亂。

「呼——」我嘆了一口氣，不知道我爲什麼對孩子如此認眞，然後還期待他聽得懂。打電動這件事情也是，他爸爸作了最壞的示範，所以我怎麼管他都徒勞無功。

「啊，啊，死了。」小子邊打電動邊發出哀號聲，接著遊戲畫面跳出「game over!」活該。我心裡一陣幸災樂禍。

然後這小子竟然破天荒把電動收起來，拿出作業本開始寫。

原來他作業還沒寫完。天啊！一個媽媽要忍住不唸小孩，眞的好難，有太多事情需要管了。

我趕緊閉上眼睛，假裝沒看見，因爲我好不容易有些改變了，我不想再變成「碎唸的媽」。

過了一陣子之後，這小子搖晃著我。

「媽媽，媽媽。妳看妳看，我作業寫完了。」

這臭小子出門前騙我作業寫完了，現在還有臉叫我看？

我不耐煩地斜眼瞄著他。

「我選好了。我要選寫完功課，去棒球班。」

他睜大著眼睛，認眞地說：

「這是我的人生。」

此刻我的心中很驚訝，也有點慚愧。原來我不只是忽略了要欣賞兒子，而且還一直認定他只懂得玩樂，不會認眞地思考。

但是當我認眞地尊重他的喜好，也給他選擇權的時候，他竟然會認眞地回應我，這同時也需要做到解夢師說的「停下來，暫停舊有的模式，讓新的行爲有機會發生」，如果剛剛我又立刻碎念他的話，是否一切又回到原點了？

我自以爲很了解我的孩子，卻沒有發現我對他的預設立場如此多，只是認爲「管教沒用」、

「這小孩很難教」、「他爸爸不配合」之類的，卻沒有想過也許某些部分是我應該先改變。

最近我對自己看法的轉變，也許同時提醒了我，該用不同的角度來對待身邊的人了。就像我還不懂欣賞兒子，卻荒謬地要求兒子懂得欣賞自己；我感受到重新找回人生選擇權，是否也應該要給兒子一些空間？

只是，選擇的自由度愈大，茫然不安的感覺，也愈大。

夜裡，我哄完兒子睡覺，靜靜地躺著看他稚嫩的臉龐。

如果我自己可以生活得如此自在快樂，而且兒子也同時還有爸爸一起顧著，那我要這段婚姻的理由是什麼呢？只是因爲經濟壓力嗎？或是傳統面子問題？

難道非得像隔壁大嬸說的：「如果離婚啊，一定是有誰做錯了什麼事情。」

是否一定要天大的理由，才能追求自己想要的生活？

「兒子啊，現在唯一能說服我留在婚姻中的理由，只有你了。」心裡泛起一陣心酸。

屋簷下和先生的冷戰持續著。

考驗卻硬生生地闖入我的生活。

原來奇蹟出現前，和災難出現前一樣，人們是不會有任何預感的。

「歡迎光臨。」那天我一如往常的在花店埋首工作，完全沒有察覺另一場風暴正悄悄地降臨。

一位風度翩翩的男子走進來和老闆交談，然後老闆開心地呼喚我過去。

「這位先生說被妳櫥窗裡的花藝作品吸引進來，想要訂做十個。」

我雖然很開心，卻也困惑著怎樣的男子會被花藝作品吸引。

通常是心思細膩、有品味的人；不然就是錢太多，喜歡標新立異吧。不過，只要有人欣賞，都是好事。

我漫不經心地走過去準備招呼他，卻發現他驚訝地瞪大眼睛看著我。

「啊！」等我認出這熟悉的臉龐後，幾乎暫停了呼吸。

這一幕，是我幻想過千萬遍的畫面，演練過上百種場景和對話，卻在毫無預警下，輕易來到我面前。

此時我穿著圍裙、踩著工作靴，

瀏海凌亂的掉到鼻頭前搖晃，
甚至連手上的泥土都還來不及抹掉。

他就在我眼前了。

「好久不見。」他生澀地開口。
「好……好久不見……學長。」

我翻箱倒櫃拚命地找。
幾乎把儲藏室翻了過來，任憑灰塵和不知名的小蟲亂竄，卻阻止不了我瘋狂的行徑。
反正最近我的行徑已經很失控了，也不差再添一筆。
我失心瘋地翻著、找著、狂亂著。
急切地想要找回曾經被我放棄的——愛。

自從在花店遇到學長後，我的世界整個瘋狂了。

我得知了他這次回國表面上是爲了策展，但是實際上，是因爲剛結束在美國的婚姻，想要藉由策展的機會回國透透氣。

他用深邃的眼眸和關懷的語氣，問起我的近況。

這是多麼融化我冷寂的心，已經多久了，生活中沒有人這樣聽我訴說心事。他對於我說的每一個感受，都能深刻地理解。

他甚至非常開心我離開了公務員體系，投入花藝的創作。他對我微笑，肯定我的決定。

這是眞實世界中，第一個如此讚賞我換工作的人。

也是這個溫暖有力量的笑容，使我想起了棕色男子。

他會是我的棕色男子嗎？

我們談論我的花藝作品，他欣賞我對線條和情緒的掌握度，輕易猜出每個作品要傳達的心意。不論是摩天輪、嘉年華會、祝福祈禱等等，每一個創作的心意在他眼中，都像珍貴寶物一樣活了過來。

一切就像從前一樣。

我們談論著創作、談論著感受、談論著藝術的魔力，每個話語都互相激盪出更多的變化。彷佛水珠與光芒交會瞬間，總是噴發出七彩的絢麗。

「妳有沒有想過，如果當初，我們沒有分開……。」

此刻，含著眼淚的我，

突然找到小提琴了。

因爲長年壓著物品，盒子有些凹陷變形了。

我的雙手有些發抖地拿出它，多麼害怕打開後會像夢境一樣。

然而，依照我忽略它的程度，其實在某種意義上來說，它確實早就都是蛆蟲了。

屏住呼吸，我打開了。

比我想像的好些，有許多灰塵、蜘蛛網，應該還有許多塵蟎，但是至少大部分都是完整的。

我拿起小提琴，仔細地端詳。

「嗨，好久不見。你也是……」我輕聲地說。

我把它抱在懷裡許久、許久。

「我不應該放棄你的……」

此時的空氣中，只剩下我和小提琴，

還有說不盡的悲傷。

第三次和解夢師會面，我將大哥的話轉述給解夢師聽。

「這些話，讓我這十二年來的最後一絲貢獻，頓時化為空殼。我不斷地後悔，當初我不應該當個聽話的小孩，只想要得到父母的肯定，但是卻永遠都只是他們焦慮下的鎮定劑，沒有任何幫助。如果當年，我跟著學長去美國，就不會……」

我突然停頓下來，發現繞了一大圈，機會竟然又回來了，命運在跟我開玩笑嗎？

看見我沉默，解夢師緩緩地說：「故事，本來就有各種不同的主觀詮釋。在妳眼中，這十二年的公務員生活，是為了家庭犧牲奉獻；在父母眼中，是養出一個聽話又穩定的好孩子；在哥哥眼中，只是一種不敢去闖蕩人生的藉口。」

「有些人會執著於，到底哪個版本才對？」解夢師依然緩慢的啜著熱茶。

「妳是不是想說，就看我怎麼看？」

「是的。但是更重要的是，既然每個人眼中看見的、重視的故事角度都不同，那麼，妳必須要『為自己』寫生命的故事。選擇是什麼倒是其次。例如，如果我們當初選擇要做公務員，那就不能是『爲了家庭』而犧牲，而必須是『爲了自己』。」

「可是這個選擇就是父母要我做的啊？」

「但是『意義』，是妳自己賦予的。就像夢境一樣，每個人都有自己的象徵意義。」

「意思是說，我雖然是聽父母的話選擇當公務員，但是，在意義上是爲了我自己？」

「對。例如，也許是妳當時需要安定的生活。也許妳這樣不會愧對父母，而感覺心安理得，生活自在。總之，行動背後『意義』的賦予，必須是向著自己的。不然，只要他人一變動看法或態度，就會否定妳的貢獻，那妳的人生必定很累。就像這次哥哥的話一樣。」解夢師又啜了一口熱茶，那種自在，眞希望我也可以擁有。

「唉，最近的生活，怎麼這麼腥風血雨？」我無釐頭地回應著，卻不理智地期待解夢師會懂。

她笑一笑，似乎不用懂，卻也懂了。「衝擊到生活是必然的，因為要改變過去的習慣和狀態，一定需要和周圍的關係產生新的磨合。這過程，無法一路綠燈、暢行無阻，當然也不一定是愉快的。」

我深吸了一口氣，吐出。「嗯，最近我思考了很多自己究竟想要什麼，自己究竟錯過了什麼……也發生了很多事情，讓我很困惑……」

「妳想問什麼？」解夢師直接打斷我，似乎開始跟我有某種默契，看出了我有話想說，卻又繞圈圈打轉。

我有些小訝異，但是也開心。

「妳曾經說，總有一天，我會再遇見棕色男子。」

「嗯。」

「我覺得……，最近好像遇見他了。」

「哦，爲什麼？」

「因爲他……就是……我巧遇了以前設計系的學長。他很懂我，會鼓勵我勇敢做自己，欣賞我的敏感、情緒豐沛和表達能力，無條件地相信我、支持我。跟夢中的棕色男子一樣，這是其他人從來沒有的，所以我想……會不會他就是夢中的……」

「妳有沒有想過，為什麼妳會這麼被這些因素吸引？」

「咦？這種暖男不是每個女生都喜歡嗎？」

「呵，是啊。但是，妳有沒有發現妳一直在強調，他欣賞妳、支持妳、相信妳……等等這些因素？」

經解夢師這樣說，我才發現自己似乎的確提過了好幾次。

解夢師用一種很慎重的口吻：「妳有沒有想過，妳為什麼這麼需要，有一個人是欣賞妳、支持妳、相信妳的？」

這句話莫名地觸動我的心，像是剛開始學彈吉他的新手，生澀地撥弄了琴弦，發出了聲音，卻渾然說不出爲什麼。

但是我逞強地想要回答：「嗯……因爲我身邊沒有這樣的人？缺乏這樣的經驗？」

「也許吧，但是更重要的不是環境缺乏，而是妳的內心『需要』。」

「什麼意思？」

「妳內心缺乏一種欣賞自己、支持自己、相信自己的信念，所以妳被環境中的相似因素這樣吸引著。」

我像是被赤裸裸地看透，這些話語準到我無處可躲。

心中卻覺得不甘心，我寧願相信是環境存在著「對的人」，而不是我心中需要渴望而眼巴巴遙想著。

我一定要想些辦法來反駁。

「可是，夢境不是會預知嗎？夢中的棕色男子說不定是一種預知，預言我之後會和學長重逢？」

解夢師決定好好解釋一番。

「夢境的確會預知，因為潛意識有著潛能與直覺。但是夢境預知的，通常是對我們人生有深度指引的方向，而不是某個人或某種財富。

「妳想想看，如果一個人的人生好壞，決定在他有沒有遇見『某個人』而定，那未免也太夢幻，並且，也太悲哀了。」

「什麼？這……不就推翻了一堆童話故事、偶像劇、好萊塢電影？」我好難以接受這樣極端的講法。

「對，歡迎來到現實生活。」她誇張地攤開雙臂，強調效果。「但這同時也是最好的消息，不是嗎？」

解夢師繼續說道：「因爲，身邊的人也許或多或少會影響到我們的幸福感，但是，最重要的關鍵還是在自己身上，而不是仰賴妳有沒有『遇見某個人』。」

我開始沉默地思考。

「所以，很抱歉，我不認爲夢境的棕色男子，是預言妳會遇見學長。」

解夢師很難得這樣肯定地給我答案，看來這個答案她非常肯定，才會這樣斬釘截鐵地說；或者她覺得我錯得很徹底，必須要直接阻止我。

繞了一圈，感覺我又回到了原點。

「那麼，棕色男子究竟是誰？」

沒想到這一問，讓解夢師說出很殘酷的事實。

「有時候，因為妳內心如此迫切地需要，現實中卻又如此匱乏，所以妳的夢境，會創造出一個符合的角色。」

不！太殘忍了！

我不想再聽了，這簡直粉碎了我這陣子來的希望。

癱軟在沙發裡，我失望地自言自語：「一路走來，我總是相信，遙遠的那方，有個會支持我、相信我的人，正在等著我。也因爲這樣，我才總是有莫名的力量，可以支持著自己啊……」

忍不住悲傷了起來，一直以來仰賴的信念，卻一下就被擊碎了。

「我知道，妳一定會覺得很失望，所以，我並沒有在一開始就告訴妳，因爲當時的妳，還沒有長出新的力量來承接事實。」

解夢師刻意的停頓了一下。

「但是，現在的妳，足夠有力量了。」

我又感到困惑了，從失望的深淵中探出頭來。「現在的我有足夠力量？怎麼說呢？」

「夢中極好的角色（棕色男子），有可能是我們心中因為『需要』而創造出來的角色。但是，同時也是為了要幫助我們度過『成長的孤單期』。當我們還像個孩子時，如果沒有滋養性的力量引導我們，我們很難好好地長大。所以夢境——我們的潛能，把我們需要長成的樣子，變成一個角色，在前面引導著我們。」

我的心情好複雜。失去了一個眞實世界的希望，卻又感受到另一種神祕的內在力量。

「妳想想看，自從棕色男子在夢中出現後。妳開始學會什麼事情？」解夢師這樣問我。

「我……開始看見我對自己很刻薄，開始懂得被心疼、被相信是什麼感覺。……有時候，我想像著棕色男子會說什麼，我就獲得了安慰和力量。」

「是的，所以妳從潛意識創造出的引導角色中，學會了滋養妳自己，幫助妳度過了『成長的孤單期』……妳知道嗎？如果棕色男子不是別人，那他就是妳內在的潛能。」解夢師刻意停頓了一下，強調了這句話：「這才是眞正的力量。」

眞正的力量！聽起來很令人振奮，但是，我仍然懷疑自己，眞的嗎？我有這樣的潛能嗎？會不會別人的夢境是這樣，我的卻不是，只是一種幻想呢？

「妳的潛能，不會讓妳孤單。妳不是一個人的。」解夢師微笑著。

不是一個人。這不是大多數的人，拚命向外尋找的嗎？

原來就在我們內心深處，有這樣可能性嗎？

「妳的內在潛能會像導師一樣，引導著妳前往成長的方向，有些人稱作『內在指引』。就看妳是否懂得追尋對的方向，以及，是否願意相信自己……就像妳這陣子的改變一樣。」

「嗯。」我思考著。「我想……我應該可以慢慢理解這些。因為畢竟，我的確感覺到自己逐漸改變中。雖然有些失落，但是我可以接受棕色男子不是個『人』了，是某種象徵、某種引導……也許，會帶領我發現新的領域吧。」

「但是，我還是要說，總有一天，妳會遇見他的。」解夢師卻又神來一筆地這樣說。

「什麼？」我滿臉困惑到誇張。

「而且，不要忘了，妳夢中的引導角色，還有……另一個。」解夢師神祕地笑著。

「誰？小灰女嗎？她不可能是好的角色吧？『討好』要怎麼引導我？」此時，眞是急死我了。

解夢師似乎已經預料到我會這樣問，早已把熱茶端起來品嘗著，伴著笑而不答的表情。

這個表情我已經知道了，我必須等待。

我的心情眞是大起大落，失落了如此多，卻又收穫了如此多。

雖然我有點受不了，答案老是「繼續思考」或是「等待」之類的，但是，內心深處我好像有種直覺告訴我：這是對的。

成長的路，必須適時地仰賴環境的養分，以及適時地獨自探索。

還有，等待足夠長的時間，慢慢成長。

好吧。

我的潛能，我們回家吧。

第六章／轉變

「老闆，拜託你了。這支小提琴對我有特別的意義，我無法重新買一支替代它。」

那天，儘管被老闆拒絕，我依然厚著臉皮，誠心地拜託維修小提琴的老闆幫我清潔修復它，即使老闆剛剛已經拒絕過我，他認爲即使外觀看似修復，音色也不對。這對任何專家來說，簡直是無法忍受的事情。

但是，我無法再次放棄它，這對我意義深遠。

老闆看起來相當爲難，但是又拗不過我，只好勉強答應。

我連忙道謝。

就這樣，它現在看起來彷彿重生了。

嗯，至少看起來像。

我回到家，從琴盒中拿出小提琴。

看見下方有一張泛黃的紙條。

是當年的我寫的，字跡依稀可見。

當年我停止學琴的時候，其實很傷心，卻乖巧而無條件地接受，就在那時，我寫了一張紙條，幻想可以保留住美好的事物。

此時，這些字句增添了我複雜的情緒。

我生澀地拉起小提琴，可怕的音色毀了重新團聚的溫馨感。

我調整了一下姿勢和指法，回想當時的指導話語，再試一次。

依然是可怕的音色。不論我如何一次又一次地調整和嘗試，就是難聽到不堪入耳，而此時的我，也已經無法分辨，究竟是我的技巧生疏得可怕，還是小提琴退化得可怕。

怎麼辦？

「我不想再次放棄你啊！」我無助地癱坐在地上，哭了起來。

人生是否眞的無法回頭？

年輕的時候一旦做錯了決定，想再彌補，就要付出加倍的代價。

更傷痛的是，不論你怎麼做，那些逝去的，都不會回來了。

腦中停留在學長那天的最後一句話。

「這麼多年後，老天終於讓我們有重新開始的機會。這次，妳會跟我去美國嗎？」

我的腦袋轟轟作響，已經無法再有任何思考，心中被過多的感受衝擊，無法產出任何的話語來形容，也複雜到容納不了任何單一的情緒。

感情，眞的可以這樣輕易的，重新來過嗎？

現在的我，已經不是當年的我了……

當年的我，牽掛著家人而選擇留下來工作；

現在的我，能夠放棄婚姻選擇重新開始嗎？

選擇重新開始，是彌補了過去的遺憾？

還是帶來更多的傷害？

而且兒子該怎麼辦？

此時，我閉上眼睛，繼續拉起小提琴，它依舊發出淒厲的哭聲。

就讓我用這種可怕的音色走下去吧。

因爲這就是現在的我，瘋狂又狼狽地衝出了舒適圈，闖入一場、又一場的風暴中。

哭吧，這幾年來遺失的自己。

盡情地哭吧，從來沒有好好長大的自己。

我甚至不知道，如果遵從自己的心意，我可以是什麼樣子。

哭吧。

一直以來，想要被肯定，卻是如此孤單的自己。

孤單到我需要想像出一個角色，來陪伴自己。

哭吧……

哭了好長好長的一段時間後，我和它都逐漸平靜了。

也許你會說，可能是我練習後技巧又逐漸熟練的緣故。

但是我認爲：悲傷有時候，眞的需要徹底爲自己哭一哭。

不論如何，現在的音色不美，但是很平穩。

我們磨合了。

而我也不哭了。

人生可以回頭，但是你無法天眞地認爲，一切一如往常。

當你決定要放棄某些東西，就要有承擔的勇氣。

當你決定要回頭，也要有重新走出一條血淚路的準備。

也許重新拾回小提琴並不難。

困難的是人生如何抉擇的勇氣。

是否，只有上帝知道，究竟是轉身離開還是繼續走下去，周圍的風景才最美麗？

婚姻是雙人舞，不是我想要怎樣的互動，對方就非得配合，這樣只是換人當妥協者，卻重複跳出有人在婚姻中犧牲的舞步。

當我呼吸到做自己的自由空氣後，有什麼理由要回監牢的生活？

但是，如果我不想回到過去的樣子，對方也不想改變成不同的樣子，我們該如何走下去？

而新的選擇就在眼前，一個看似更適合我的選擇。

當人生的考題用選擇題出現時，看似簡單卻是最侷限的難題。讓你只能選A或是B。而兩者，都不完美，也無可避免帶來傷害或衝擊。

一旦決定了，就要承擔隨之而來的各種變化和好壞；

更糟糕的是，如果逃避決定或拖延，就要付出「失去自己」的代價。

就像過去這十幾年一樣。

我在書寫中如此記錄：
過去，是再追不回的逝去；
現在，是狀態未明地存在；
未來，唯有決定才會到來。

近來和先生多次的溝通都是以爭吵結束。
甚至愈來愈多、愈來愈激烈的爭吵。
我想清楚了，我要離開這段婚姻。
不想要再討好任何人，只想做我自己。
婚姻回不到從前了，既然已經看見了眞實的自己，要如何再假裝一切都跟以前一樣？
我是變了。但是有時候，不改變，不是因爲一切都好，而是害怕改變。
有時候，改變不是不好，而是旁邊的人無法跟上。
改變，從來就不是要走回從前，
而是迎向未來。

「離婚？！我不像妳這麼不負責任。妳以爲婚姻是在辦家家酒嗎？」先生對我大吼。

「那我對你來說是什麼？你不想離婚，是因爲你愛我嗎？還是因爲你面子會掛不住？你只是不想要被別人嘲笑婚姻失敗？」

先生嚇了一跳，也許他沒有想過我會這樣說。他的臉色逐漸暗沉了，直到臉皮垂下，失神地看著地板。

「是吧？」我的口吻聽似挖苦，卻隱藏更多失落，也許內心深處我仍抱有一絲希望，期待他會爲了捍衛「愛」而辯解。但是他沒有，他直接棄械投降了。多麼令人心碎的反應。

但是，這樣也許更驗證了我的想法——婚姻不過是他生活中的裝飾品。

「如果你夠愛我、夠需要這段婚姻的話，怎麼會每天晚上都待在房間打電動？假日難得全家外出用餐你卻都在滑手機？小孩跟你講話，你就叫他去跟媽媽講？」

我愈講愈激動。「對，結婚紀念日也許有個小禮物。但是我更在乎的是有人跟我講講話！不然我要這些東西幹嘛？」我一揮手將禮物盒掃落地，那對玫瑰金耳環甚至掉了出來，無聲地躺在地上。

我坐在椅子上放聲哭了。

這麼多年來的委屈，一下子衝了出來。

「神經病。」先生冷冷地將我僅有的安慰幻想全澆熄了。

甚至他還轉身離開，不忘甩上門，大聲地抗議。

我們完了。

隔天接近中午的時候，我隱約瞥見花店門外有個徘徊的身影。心想也許這位客人有許多疑問，所以主動推開門去招呼。

一開門，我們彼此同時嚇了一跳。

「爸？」我肯定還沒有把嘴巴闔上。

此時心中七上八下的，他應該是耳聞了我要離婚的事情，而大老遠跑來罵我的。

「爸，怎麼了？」我不安地搓著雙手，心裡不斷安慰自己：「沒關係，被自己的父母罵，總比被婆婆教訓好，還好婆婆在南部，希望她還不知道我們的事情。」

「唉，我是不知道你們年輕人有什麼好吵的。但是夫妻就是這樣，吵一吵還是要回家的，有很多事情，不是離婚了就可以解決的。」

「嗯。」我沒有說什麼，已經做好準備要聽見很多嚴厲的話。

「喏，拿去，妳媽說昨晚的飯菜煮太多，丟了浪費，硬是要我今天順路給妳帶來。」爸爸一邊說一邊抖晃著手，把老舊的便當盒塞給我。

我的驚訝已經滿到破表，睜大著眼睛，不知道該如何反應。記憶中，拿到家裡的便當盒已經是小學時的事了。

爸爸繼續彆扭地說：「其實我跟妳媽也不是不關心妳，只是……唉，總之，就是，妳大哥最近常加班沒回來吃晚餐，反正碗筷飯菜都夠，妳要是不想煮，就帶著孩子繞回來吃頓便飯吧。就這樣。」

說完，他趕緊轉身離開，似乎很擔心看見我的反應。

或者，他更擔心自己的反應。

他走得不快，這幾秒鐘彷彿被凝住了，我卻突然好害怕失去什麼。

這稍縱即逝地——記憶中的關懷。

我們總是好渴望被愛，但是當愛就在眼前時，卻又好害怕靠近，因爲靠近了就可能帶來後續的傷害，所以我們學會躲得遠遠的，安全卻又疏離。

往前一步，可能會受傷，但是如果你夠堅強，如果你能聽見那些假裝漫不經心的話語，藏了多少無處乘載的心意，你會願意冒險。

回家。是多少逃離家的人，漫長的心願。

自從那天，我在家中的那句話：

「我好累了……。你們有沒有想過要先關心自己的女兒？」

我知道，也許爸媽仍是無法理解我，但是，自從他們看見我的悲傷，或是說我願意鼓起勇氣讓他們看見，他們似乎減少了些責備。

也許他們正努力釋出善意，試著想要讓女兒感受到被關心，卻緊張得像個新手父母，除了傳統的表達方式，他們不知道該怎麼表現才能不窘迫。

很意外地，讓他們感受到我的軟弱，竟然比拚命解釋和尋求被認同來得有效果。

只是，這眞的很需要勇氣，因爲，呈現出弱點，也可能讓自己有機會再被刺傷。

但是當我們卸下防衛，對方也會軟化，畢竟，我們是家人，不是敵人。

也因爲愛和在意，才會如此擔心被傷害。

「爸！」我努力地把聲音擠出我的喉嚨。大聲地喊：「謝謝！」

看著爸的背影，

他沒有轉身，只是回頭揮揮手。「趕快進去工作，上班認眞點。」

我卻像傻子一樣拚命地揮手。

打開了便當盒，這根本不是隔夜菜，還是熱騰騰的、我最喜歡的炸蝦。

我溼了眼眶。

是時候該「回家」了。

「我想跟他離婚了。但是我還不知道怎麼跟兒子講。」

每到人生的十字路口，我總是尋求這位朋友的建議。

畢竟，她是很懂我的。

甚至來不及等她坐下來，我已經急著要開口了。「因爲怎麼溝通都無效，而且愈來愈糟。」

她一邊把絲巾拿下來，一邊看著我：「妳遇到學長了嗎？」

「什麼？」

「我剛剛經過他的展場，他說他前幾天遇到妳，你們還約了喝咖啡聊天。」

「嗯，對。」我莫名地覺得好像錯了壞事，畢竟已婚婦女，好像不應該單獨與男性見面，尤其是前男友。

「妳很不夠意思耶，都沒講。老實說，你們發展到什麼程度？」朋友有些抱怨的口氣。

「妳在說什麼啊，就只是喝咖啡啊。而且，我還沒成功離婚耶。」

「學長是妳想要離婚的原因嗎？」

「不算是。應該是說，自從我改變了之後，跟我先生又無法溝通。我開始無法忍受這樣的婚姻品質。學長只是剛好這個時候出現。」

「其實，我一直覺得妳跟學長很適合，妳當初應該跟他去美國。人生繞了一大圈，好不容易又有機會了。我贊成妳離婚，帶著兒子，跟學長重新在一起。妳兒子在國外受教育也不錯，說不定個性也會改一改。」

聽見朋友如此明確又大膽的建議，我太驚訝了，差點從椅子上跌下來，但是也喜出望外，因爲這說中了我潛意識想要的選擇。「眞的嗎？哇塞，原來妳也改變了啊。」

但是又隱約不安，畢竟朋友是務實派的，剛好我的缺點是過於天眞浪漫，有時候眞需要她打醒我。

「可是我記得當初妳是贊成我留下來當公務員耶，我以為妳是很務實派的。怎麼這次大轉彎？」

她沉默下來，不斷地纏繞著手上的絲巾。總覺得這條絲巾好眼熟，似乎在哪裡看過？

「有件事，我得坦白跟妳說。」她很嚴肅，這讓我很不安。

「其實十幾年前，當時我也覺得妳應該跟學長去美國。但是我很嫉妒妳，妳跟學長在一起，妳明明知道，我喜歡他很久了。然後你們居然還打算去美國。」

我停頓了很久很久。

「妳在鬧我吧？別鬧了。」

「是眞的。」朋友很嚴肅。

我凍結住了，腦袋一片糨糊。「可是……我那時候問妳，妳不是說『你們在一起很好啊，我早就不喜歡學長了，他這型對我來說太娘了。』」

朋友突然變得很激動：「你們那時都要在一起了，還要我說什麼？拜託妳可不可以不要什麼都要依賴我說的！要選什麼課、要不要加入系學會、要不要交男友、要不要出國、要不要結婚，最後連要不要離婚都要問我？」

「……」

她很激動，嘴唇甚至微微地顫抖。「我那時候眞的很不希望妳去美國，我無法看著妳和學長結婚，在美國過著成功又幸福的生活。所以我說了反話，而且沒有告訴妳，老師說工作室的人選，要從我和妳之間二選一。」

「什麼？妳……妳是說，因爲妳嫉妒我，所以，妳講了反話。要我放棄追求夢想？」我聽見自己的聲音在發抖，多麼希望她可以告訴我這一切都是誤會。

「對。」她很冷漠，澆熄了我僅剩的希望。每當她要保護自己的時候，就會出現這樣的表情。

「妳別奢望我會跟妳道歉。就算我眞的很想跟妳道歉，這幾年來我不斷地在想要怎麼跟妳道歉。但是後來我又想，其實這都是妳自己的決定，沒有人拿槍指著妳，妳要別人幫妳做決定，然後理所當然地把責任推到別人身上……妳有沒有想過，妳一直依賴我的意見，我的壓力也是很大的！」

「妳怎麼可以這樣說？」我氣到發抖。

「我當時也很年輕，妳能期待我說出多偉大的話？而且妳哭得唏哩嘩啦的，說家裡如果沒有妳怎麼辦。對，我那時很私心，說了妳應該先顧好家裡、一些表面安慰妳的狗屁話。這幾年我總是背負著罪惡感，只要聽到妳抱怨生活，我就很難受，好像妳一直在控訴我一樣！」

我眼淚不爭氣的滑落。「居然連妳都背叛我……」

「背叛？妳要說背叛我也認了。但是說到頭來，妳也是共謀。人生最後的決定權不是在妳自己手上嗎？」

還有什麼比被朋友背叛，還同時被指控也是共謀，更扭曲的劇情了？

朋友看見我哭，嘆了口氣，低下頭，口氣變得沉重。

「後來，看妳分手後這麼落魄，我很有罪惡感，所以妳說要結婚的時候，我沒有強力阻止妳，是因爲我說服自己說『也許妳會幸福點，可以彌補一點遺憾。』誰知道，遺憾是無法彌補的。這麼多年了，我總是想看著妳去要回自己的人生。但是，這終究還是妳的人生。萬一，這次我要妳離婚跟著學長走，又是我想要彌補罪惡感的私心怎麼辦？我看妳還是別聽任何人的……」

她把展場的門票推到我眼前：「聽妳自己的心就好了。去展場看看吧，再相信我一次，不相信我，那也要給學長一次機會，再決定啊。」

「去展場吧。」朋友說完，恣意地拿起包包，用絲巾掩著臉離開。

我終於想起來了，絲巾女士。

我失魂落魄的走在街頭，頹然坐在行道樹下的椅子吹風。以爲眼淚會掉不停，卻是腦袋自動播放不停。

背叛令人難受，但是我更介意朋友最後那幾句話。

「妳有沒有想過，一直依賴我的意見，我的壓力也是很大的！」

「說到頭來，妳也是共謀。人生最後的決定權不是在妳自己手上嗎？」

此時，腦袋浮現解夢師的話：「行動背後『意義』的賦予，必須是向著自己的。不然，只要他人一變動看法或態度，就會否定妳的貢獻，那妳的人生一定很累。」

「哼。」我無奈地嘲笑了自己。對家裡也是，對感情也是，沒想到友情也逃不了。我總是無法自己選擇，而要參考別人的想法去做。

我太過依賴朋友的意見，不敢自己做決定。我真的是「背叛自己的共謀」嗎？

當人生的鬼片一部接著一部看了之後，就覺得後面就算再恐怖，我也麻痺了。

心想著反正走進展場，一定也沒有什麼東西可以嚇到我了。

走進展場，所有回憶排山倒海襲來。

那些曾經如此熟悉，此刻又如此陌生的場景。

心，怦怦怦地跳著。

學長果眞很厲害，這幾年他的功力和表達方式，對我來說，已經遙不可及。作品也獨樹一格，成功跳脫出設計的主流。優雅的自我，讓人無法靠近，又捨不得離開。

在展場的最後一個空間裡，寫著「初心」。

「曾經，我在學習設計的過程中，遇到很嚴重的低潮。但是有一位女孩，她的天眞和熱忱，喚醒了我心底最純粹的靈魂。雖然我們終究擦身而過，但是那種生命被輕輕喚醒的感覺，成了我與日光道早安的約定。」

學長說的是我嗎？我好害怕自己自作多情，但是更害怕失落了這個位置——在學長生命中如此有意義的位置。

我的視線慢慢移動，而高台上展示的作品逐漸清晰……

那是，清清楚楚的，

我的椅凳。

那把我以爲已經遺失的椅凳。

「怎麼會？……」我倒抽了一口氣，全身起雞皮疙瘩。雖然椅凳的顏色被改變了，但是形態是十分明顯的。

有雙手放在我肩膀上，傳來那熟悉的聲音。

「那時我幫妳搬家，妳要我清理那堆廢棄物，但是我始終捨不得丟掉這把椅子。」

我還在震驚中。

學長繞到我的眼前，繼續說：「也許妳從來不了解自己的價值，從來不覺得自己有多特別。但是我那時就看見了。這些年，總是一直收藏在身邊。這次的展場主題，終於讓我用上了。」

他笑了笑，搖一搖我，打趣的說：「妳倒是說說話啊？」

我停頓了好久，猶豫著是否要跟他道謝，畢竟，我衷心的感動，有人如此欣賞和珍惜我的作品，並且替我保留了這麼久。也讓我此刻有機會，找回過去的自己。

但是，這又不是過去的自己，也不是現在的。

而且……

「為什麼是漆上大紅色？」

「什麼？」

「你明明知道，大紅色是我最討厭的顏色。」我無神地說著。不確定自己為什麼要衝出這些話。

學長很驚訝這是我與椅凳重逢的第一句話，他非常失望。

「妳只想說這個？沒有其他的了？」

我沉默著。

「好。兩個原因。第一，這個椅凳當初製作的時候，木頭處理不完整，若不漆上新的顏色，無法掩蓋和阻止發霉情況。第二，作品的顏色也是場展設計的一部分，大紅色很適合這個空間，並且呼應著『初心』的標題。妳不這樣認爲嗎？」學長表現出設計大師被質疑的刺蝟樣，大動作地比畫著展場和作品。

然後他重新走回我面前，但是這次卻不看著我，他盯著遠方，焦慮地咬著牙：「第三，如果這個作品的作者本身都遺棄它了，現在卻又回頭有意見？」

「我只是覺得心中的感受很矛盾，我很感激你做的。但是……好像即使我被看見、被欣賞，可是從來不是我眞實的樣子。我只是每個人心中，期待的樣子。」我落寞地說著。

其實我也被自己的反應嚇到。

若是以前的我，應該會表現出浪漫愛情故事的感動大結局。可能會抱著學長說：「謝謝你這樣看見我，我也應該要更看重自己。」然後吻著他，跟著他去美國過幸福快樂的生活。

但是最近的重重失落，不斷地揭開我的傷疤，而且一次次的指控我自己，才是最終的共謀。

所以我無法再假裝成「一點都不在意」，那個大紅色這樣張牙舞抓、明目張膽的掐住我的作品。無法呼吸。

那不是我。我無法再說服自己那是我。因爲那是「學長眼中的我」。

我的敏感，總是讓善解人意的我，不經意的就做出符合他人期待的反應，可能也讓別人認爲可以輕易地在我身上抹上「任何期待」。

但是如果我不照別人的期待去演出呢？他們又會有什麼反應？

最近我對家人、丈夫，上演一幕幕脫序的演出。家人畢竟是家人，已經逐漸妥協退讓；而丈夫和我仍在激烈爭吵中。

那學長呢？

我看著他，此刻我也好期待，期待他繼續扮演我的棕色男子，給我無限的理解和包容。就算我知道這樣的期待是不切實際的。但是我們總是，對身邊的人有著不切實際的期待。然後眼巴巴的遙望著。

我想起了解夢師的話：「因為妳內心如此迫切地需要（被理解、被欣賞），但是現實中卻又如此匱乏，所以妳的夢境，會創造出一個符合的角色（棕色男子）……而在現實中，這個期待和幻想又會投射到最接近的人身上（學長）。」

這個被我投射成理想的角色——學長。終於緩緩開口了。

「天啊，妳好像我前妻，只是抱怨，卻不懂得感激。我以爲妳會不一樣，但是妳變了。」

嗯。看來他也把我投射爲理想的對象。

一直以來，學長喜歡的終究是那個「符合期待的我」，而不是眞正的我。所以我的想法、意見、喜好，從來不是優先被考量的。甚至當我剛剛說出眞心感受後，學長仍然以自己的角度出發來思考。

究竟在愛情中，我們愛上的，有幾分是眞實的對方？有幾分是理想中的想像？

「抱歉，毀了你的幻想。」我對學長這樣說，但是其實這句話是對我自己說的。

一轉身，我卻失態地笑著。

我好失落，但是也好開心。

像個叛逆青少年，終於整到傳統規範後的沾沾自喜。

呼吸著衝撞他人期待後的自由空氣。

我跨大步走回家。

但是那種愉快感很快就消失了。

只剩下期待破滅，以及破壞自己形象後的殘骸感。

第四次和解夢師的會面。

解夢師聽完後，卻透出耐人尋味的笑容，和我當時轉身的笑容很相似。

「所有凡人的互動，都應該要適當收拾自己的期待。」

「表達期待的目的，不是要對方滿足你的期待，而是要對方理解你。我們如果期待對方來滿足自己，一定會造成許多失望和衝突。最能安全又穩定回應自己期待的人，最終都是自己。」

「可是，如果一直以自己的期待爲主，會不會變成很自私又任性的人？」

「事實上，大部分的人都誤會了。『回應自己』、『照顧自己』不代表全然的滿足自己，或是當個自私的人。而是可以在感受上支持自己，例如拍拍自己，跟自己說聲『沒關係，我在』，也是種回應，並且不過度勉強自己。」

「是喔……」我沉思著。

最近時常感覺到自己不想再討好別人了，就像我在學長面前那樣魯莽的反應，彷彿我想要用力擺脫掉討好的特質。

我急著想要討論內在的小灰女——那個極端討好別人的角色。

我直接提出自己關切的重點：「我知道了小灰女是我『討好』的部分，那我怎樣才能改掉這個缺點呢？」

我總覺得只有理解和關懷自己還不夠，必須要改掉這個致命的缺點才是。

「而且改掉缺點，我就可以發揮更多的自我，釋放更多的潛能。是吧？」

「別急。慢慢來。」解夢師恢復一貫沉穩的樣子。「先別急著談改變她，妳都還沒認眞地理解她呢。」

「什麼意思呢？我已經知道她是我『討好』的部分啦。」

「所謂的理解，不是大腦的知道，而是打從內心的靠近。」解夢師繼續說：「好。我們回到夢境中慢慢來探索一下小灰女。首先，她是在什麼場合下出現的？」

「她是在我童年的房子中出現的。」我說。

解夢師說：「所以『討好』最早是在妳童年的家庭中出現的。對嗎？」

「嗯。沒錯。」

「我們來做一些深度的自我接觸，準備好了嗎？」

我點點頭。

「現在，請妳閉上眼睛，回想一下夢境的場景，當妳看見她的時候，描述一下她是什麼樣子？她有什麼心情？」解夢師引導著我。

我閉上眼睛，試著回想我的夢境，我看見了那個斑駁的磨石子地板，以及角落中的小灰女。

「當時她縮著、蹲在角落，我不確定她在那裡多久了，嗯，好像很孤單，有點冷，她看見我在看她，似乎有些開心，有一種『妳終於看見我了』的感覺。」

我繼續閉著眼睛，聽見解夢師的提問。「她從什麼時候開始在那裡？」

「從一開始就在，也許……很小的時候。」

解夢師繼續引導我：「所以她的存在是必要的，感受一下，『討好』在妳童年的家中有什麼功能？」

「嗯，可以暫時避免我父母不開心。我很希望他們不要爭吵。」

「所以小灰女做了什麼努力？」解夢師問我。

「她把自己縮得很小，有什麼需求都盡量降到最低，不吵不鬧的很聽話，甚至會犧牲自己去迎合家人的需要……嗯……」我突然說不下去，心頭很緊，哽咽了起來。

「所以她承受了什麼？」我聽見解夢師這樣問。

「承受了……承受了必須要犧牲自己……承受了恐懼，恐懼家人離開。」

「那妳看見她之後發生了什麼事？」

「她想要靠近我，可是我……我……狠狠地把她甩下……」此時我忍不住流下淚來。

我看見了，我對自己很嚴苛，原來我是這麼努力地愛我的家人，所以不自覺地討好他們，謹慎地用孩子的方式來避免大人的衝突，久而久之卻讓討好變成一種習慣，開始恐懼他人對我失望，然後更嚴苛的是：「我並沒有因此心疼自己，反而是責備和厭惡自己的討好特質。」

我把臉埋進雙手中。

解夢師：「妳現在想跟小灰女說什麼？」

「對不起……我應該要愛妳的……我不應該離開妳。」終於，我顧不了什麼形象了，趴在桌上大哭。

我大哭。腦中閃過這麼多年來，那個小小的自己，像個害怕被討厭的孩子一般，小心翼翼地維護著家人的關係、婚姻的關係、他人的關係。卻總是忽略了自己。

我大哭。因爲被別人忽略，是一種孤單；而被自己忽略，是絕望而看不見的孤單。

我始終害怕被拋棄，卻沒看見，那是因爲我早就拋棄了自己。

我哭了好久，好久，好久。

如果可以，我想要回到那個房子裡，對小灰女做出不一樣的反應。

我想跟她說對不起，我不會再離開妳。

妳陪著我度過童年這麼孤單、這麼多害怕的時刻。我卻在長大後開始鄙棄妳、責備妳。視妳為失敗品，努力要擺脫妳。

讓我回到那個房子好嗎？

我們重新來過好嗎？

我想要陪著妳。

每天晚上睡前，我都這樣在心中祈求著。

下起一陣清晰的雨。

而我等待著。

雨滴洗滌了恐懼，沿著屋簷滑進了屋內，
光線開始一絲一絲地透入，四周逐漸明亮，
房子的鬼魅氣氛逐漸散開，溫度變得暖和。

下雨後的清晰感，大地沉澱著、呼吸著、醞釀著。
我走進屋內尋找，我知道她在那裡，她一直都在。
角落裡，我靜靜地蹲在她的身邊。

「嗨，我在這裡。」我說。

小灰女抬起頭，朝著我微笑。
她像個開心的小女孩，既滿足又甜美地笑著，彷彿一句真心的道歉，她就輕易地原諒你了。
此時，她的面容改變了，不像是記憶中的小灰女，反而是我不認得的美好樣貌。
她慢慢地站起來，把身體拉長，比我想像的還要高些，也許是她不再縮著身體的緣故。

陽光灑在她的身上，她看起來不再灰暗，反而有一種耀眼的光芒。

她緩慢地走向我，一邊伸手撫摸那株中型的異形草木。

奇妙的事發生了。

那異形草木像是活過來似的，抖落身上的石頭，原本鋸齒狀的葉緣，竟然開始柔和地搖擺，然後變成柔軟又平滑的曲線。

異形木轉型到下個階段了，現在不需要用鋸齒來偽裝和防禦，可以安全又自信的伸展著長葉。

轉型後的植物依偎在小灰女……不！是發光的女子手上。

「她手中拿著長形葉子，全身散發金色的光芒，微笑著朝向我走來。」

我全身被莫名震懾，

這……太不可思議了！

「夢裡，她手中拿著長形葉子，全身散發金色的光芒，微笑著朝向我走來。」

我一路衝進解夢工作室。

「天啊！太不可思議了！妳一定不敢相信發生什麼事情？」我急迫地想要告訴解夢師。

我的表情一定看起來很吃驚，因爲解夢師很認眞地看著我。她遞給我一杯熱茶，暗示我慢慢講。

我喝了口熱茶，試著把自己的心情平靜下來，卻很難眞的平靜。

「老師還記得一年前我曾經要找您解夢嗎？當時您說那個夢境感覺很有能量……還記得嗎？」

解夢師笑得很開心，甚至挑著眉毛說：「哦，妳想起那個夢境啦。我當然記得，那麼有能量的夢境，很難讓人忘記的。」

「然後，就是……我昨天，又夢見那個夢了。而且，那個我以爲穿著金色衣服的女子，天啊，其實是小灰女站起來後，全身散發著光芒，然後拿起那個異形草木，變成長形的葉子……微笑著朝我走來。這太不可思議了！這怎麼可能……小灰女變成金色的女子……」我無法克制自己亂無章法地講著。

但是解夢師看起來一點都不困惑，反而像是欣賞一部細膩的電影，而忍不住自言自語著：

「哦——的確很有意思！原來是用這樣的方式轉換啊。小灰女的角色轉換成金色的女子。」

我猛點頭。

解夢師開始向我解釋：「那妳還記得，上次我說妳還有一個引導的角色嗎？」

「有，我一直以爲是小灰女。」

「我其實指的就是一年前的這個『金色的女子』，這也是一個極好的角色，而且充滿能量。」

「對耶……」這讓我有些吃驚，我竟然沒有想到。

解夢師看起來對這個主題非常感興趣。「只是我當時也沒有想到，原來這角色和小灰女，以及異形草木有關。」

她又思考了一會兒。

「妳最近是不是有對小灰女做什麼？我的意思是說……妳可能有些思考或態度的轉變……有嗎？」

我把睡前祈求跟小灰女重新來過的事情說出來。

解夢師用一種很深刻的口吻說著：「哦，這就對了。因爲妳對待自己的態度轉變了，變成願意打從心裡接納和擁抱自己。所以出現一種深層接納自己而產生的能量。」

「但是爲什麼會這樣呢？」

「當夢中人物或物品有所轉換的時候，例如說小灰女變成金色女子，這表示者兩個角色是一體兩面的，有深層的關連性。也就是，對妳來說『討好』和『能量』是一體兩面。」

「可是，他們怎麼有辦法一體兩面，我想不懂。」

「妳想想看，『討好』有怎樣強大的力量。」

「嗯，維持家人的關係。」

「一個孩子基於怎樣的心情，會有如此堅毅的信念，努力地這樣做？」

「基於……恐懼被拋棄？」

「恐懼雖然也是一部分，但是恐懼在夢中應該是以鬼怪的方式出現。所以表示除了恐懼以外，還有別的……可能是妳不想承認的部分，所以之前的能量才會被阻擋住，而最近，妳願意慢慢承認了，所以能量也有機會展開了。」

「啊！」我腦中閃過那天爸爸拿著便當前來的畫面。

我有點莫名地緊張，以前，我以為要承認恐懼是比較困難的，沒想到……要承認「愛」，也是如此的困難。

「是……愛嗎？……我對家人的愛，讓我如此地努力。」我小聲地說著。

「是的。愛讓我們強壯，也讓我們軟弱和恐懼。」解夢師微笑著。

「『討好』是恐懼被拋棄，卻同時也是深『愛』家人的表現。只是，我們用錯了方式對待自己，並且讓恐懼阻擋了愛的能量。所以，之前這兩個角色看似是分開的，直到妳決定降低了恐懼和防備，接納脆弱的自己（討好），才再度將愛的能量釋放出來。」

解夢師又補充著：「也可能跟妳最近變得更勇敢有關係。因為更勇敢，我們才敢更加去愛。」

的確，最近我不只祈求能再次陪伴小灰女，我還嘗試帶孩子回家吃晚餐，感受到爸媽平凡的日常照顧，即使偶爾被唸個幾句，好像也比較不在意了。

至於大哥，也逐漸覺得沒什麼好生氣的，因為他說的也沒錯，最終的決定權在我自己。

我提出了我的困惑：「但是為什麼一年前金色女子就出現了，當時的我還沒有任何的改變啊？」

「好問題。因為，一年前的金色女子是一種引導的角色，記不記得我上次說的？」

「記得，妳說夢中『極好的角色』，是因為我們內在強烈的需要，卻又非常匱乏，所以被創造出來的角色，目的是要引導我們度過『成長的孤單期』。」我自認為是個好學生，得意地展現出自己所學到的。

解夢師很滿意地點點頭。「對，而且不只是如此，這個『極好的角色』所代表的樣子，也是我們未來要長成的樣子，所以也是一種『潛能』。

「意思是說，我們有潛力長成夢中極好的那個樣子，只是現在還沒有長大，所以需要一個引導的角色來帶領。等到有一天，我們朝向這樣的方向前進了，或心靈進階了，夢境也會跟著有所轉變，象徵著我們要繼續成長的下一個階段。就像，妳的小灰女轉型成金色女子，而異形草木變得柔軟。」

「哇。太神奇了！可是……我有這麼神奇的力量嗎？」

解夢師說：「當然，應該是說，每個人的潛意識都是這麼神奇的，就看個人願不願意花心思追求心靈的自我成長。不過，一般人都是像妳一年前一樣，不相信自己心靈的力量，反而依賴外在的訊息，而不曾感受到『夢，是沉睡的療癒力』。」

我無法用言語形容此刻的心情，但是我知道我進入了一個很心靈層次的領域，而這個領域，除非你親身體驗，否則很難三言兩語解釋清楚。

「所以當然囉，如果一年前那時我就像這樣跟妳解釋說明，妳肯定有聽沒有懂，就算勉強懂了，也不會相信。」

我有些不好意思了。「沒錯，當時的我應該會覺得妳太誇張了。」

「哈哈，是啊。所以，要探索夢境也需要個人已經準備好，要自己走出一段改變的路，這樣的成長效果才是最好，否則就是放放煙火、看看熱鬧，哪邊好玩往哪邊湊合。」

回想到一年前的我，忍不住打趣地胡鬧著：「真的謝謝老師，幸好您一年前沒有告訴我財位在東南方之類的。」

解夢師跟著我胡鬧：「不過，有時候想想，也許我真該告訴妳財位在哪，以免我需要這麼費心地引導探索，對方還不一定買帳呢。」

「哈哈哈！」我們大笑著。

第七章／啟程

第一站

「鈴——」我在深夜的巷口，瘋狂地按著學長設計工作室的大門門鈴。我知道策展期間，他通常會熬夜工作。

我從解夢工作室離開後，突然知道答案了，一路狂奔而來。

我迫不急待地「需要」告訴學長。

學長終於來開門了，帶著驚訝的表情。

自從我們上次在展場不歡而散之後，這是第一次再見面。

「咦……妳怎麼來了？」他半倚靠著大門，有點侷促不安，但是努力展現優雅。

「你那天問我，要不要跟你去美國。還算數嗎？」我仍氣喘吁吁地，卻無法停下話語。我看著他。

「嗯，這個……。我的確希望妳跟我去美國，但是……」學長變得有些猶豫，我卻顧不得等他說完。

「當年，你離開後，我一直暗自懊悔，偷偷幻想千萬遍的劇情，如今終於實現了……我卻沒有勇氣決定。」

我內心太激動，已經管不住眼淚了。

「剛剛我突然明白了。我懊悔的，是我從來不敢做我自己；我懊悔的，是我的恐懼綁著我不敢做決定。」

「不是家人害我的，不是婚姻害我的，也不是朋友害我的，是我自己……。」

我哭到空氣稀薄，需要深吸一口氣。

「是我自己。害怕決定自己的人生，才交給別人決定，然後又埋怨著。

「我害怕被家人責備、我害怕在你身邊我好渺小、我害怕走設計卻一事無成……我害怕自己的選擇是錯的，所以我都聽從別人講的，永遠都選最安全的路走。

「但是眞正錯的，其實就是這個『害怕』。」

學長很認眞地聽著，而且我相信這些感受他都聽得懂。

「所以我……我決定……這次，我要爲自己決定，並且，必須自己決定……。」

我聽著自己，堅決地說出這個決定，用一種很肯定、很愼重的口吻。

「我，不能跟你去美國。」

「爲什麼？」學長很驚訝地看著我。

「因爲，我決定不再害怕了。我要走回設計，靠自己的雙腳，即使我一敗塗地，即使我是設計所的端茶小妹，即使別人嘲笑我、不諒解我。但是，那是我曾經逃避後，需要承擔的部分。我不想要再依靠著別人，我好不容易學習到要『相信自己』，所以不管我的位階是什麼、領怎樣的薪水、住怎樣的房子，只要我相信自己，我的價值和潛能才能發揮。」

學長的表情有些複雜，但是很奇怪的是，我相信他有能力接受這樣的決定。所以我並不急著要安慰他。

「婚姻也是。我知道我選了一個不適合的人，他不適合我，我也不適合他。但是這也是我當初的決定所造成的，當時我爲了逃避面對分手的悲傷，所以匆促的躲進婚姻裡。現在的我，不能再重蹈覆轍了。

「就算我決定放棄這段無解的婚姻，但是如果我急著辦離婚跟你走，那我還是沒有學習面對和承擔。」

把這些話說完時，我的情緒已經逐漸地平穩下來。

「所以，如果有一天我去美國學設計，或是我們眞的再重逢，也必須要是我自己努力和成長後，而選擇的結果。但不是現在……現在我想跟自己在一起，度過這混亂的過渡期。」

我看著學長，他有些淡淡的失落，還有一種隱約孤單的感覺。

「學長也是……說不定學長和我一樣，都需要重新找到自己，學長需要的不是我，而是結束婚姻後的沉澱，必須知道自己想要什麼，而不是躲進另一段關係中，逃避面對結果。就像我當年一樣……」

說完，我不自覺地對著學長微笑，我相信他總有一天會懂，這樣的決定才是對我和他，都是比較好的決定。

此時，學長的眼神有些訝異，他看著我許久，彷彿從沒見過這樣的我。

然後他笑了，彷彿鬆了一口氣。

「妳知道嗎？……過了十二年，妳又再一次拒絕我。但是這次，我卻矛盾地有些開心。我剛剛很擔心，妳會天眞又衝動地答應我，因爲我最近很亂，而且我們也都變了……」

他繼續說：「其實上次我們在場展的對話後，我不斷地問自己到底要什麼？我很害怕，我們如果眞的復合，反而會破壞了美好的幻想，我不像妳這麼勇敢面對，我寧願讓某些得不到的部分，可以冰凍在最美好的時刻。就像藝術品一樣，某些畫面，我想要讓它停留而永恆。」

學長用一種浪漫的口吻講著，並且俏皮地用手比劃出視窗，假裝把我此刻一把鼻涕一把眼淚的糗態，停留在畫面中。

我忍不住笑了。

學長把手放在我的肩膀上：「不過，我爲妳開心。因爲我看見，妳好有自信。妳眼中的淚水，看起來閃閃發亮，好像不管怎樣，妳都相信著自己。」

他笑一笑。「妳已經不是從前那個妳了。或者說……這才是眞正的妳。敏感又有自信。」

敏感又有自信。

這幾個字在學長清楚的描述下，變得好有力量。

我聽見了那個讓我珍藏在心中的……

棕色男子。

我眞的見到你了，

原來你一直都在。

腦中想起了棕色男子在我夢中，曾經這樣說著：

「也許有一天，當我被允許出現時，我很樂意與他們見面。」

你就住在我內心深處，是我穩定的本質之一。但是我卻擔心你出現，會被家人指責太過自我中心，所以一直壓抑自己的敏感特質。

我不允許你出現；也不相信，你就是我可能的樣子。

原來棕色男子真的不是學長。

是我自己，敏感又有自信的我。

沉睡了這麼多年，你終於出現了。

「妳說的沒錯。這椅凳，應該屬於妳的，我卻沒有經過妳的同意，就把它撿回來，改變它的顏色，讓它成為我要的樣子。現在，還給妳。」

學長突然緊緊地抱住我。「這麼有自信的妳，不屬於任何人，妳屬於自己。要一直這樣相信著自己。永遠，不要再遺忘這樣的自己。我也會加油的。」

「再見。」

這個夜，如此清澈。

在幾千萬光年外的宇宙間，剛剛誕生一顆耀眼的恆星。

躋身在千億個銀河系中，這顆星並不起眼，

但是他會用自己的光和熱，在自己的小世界裡，

發光到毀滅前的最後一刻。

這樣就值得了，不是嗎？

第二站

一張離婚協議書，靜靜地躺在我們眼前。

我和先生僵持著。他始終不肯碰那張紙一下。

「好。妳說，我從來就不懂得欣賞妳；妳說，妳扮演了十二年的好太太，卻都在討好大家。好像妳很委屈，然後一切都是我的錯。但是，我很認眞地分析過了。先假設妳說的沒錯，那麼，在邏輯上來說，妳是否也沒有給我足夠的機會，去認識眞正的妳？這也是妳的錯吧？」

「我明明就有努力跟你分享，但是你總是嫌我話很多……」我想繼續抗議，卻覺得吵得好累。

一抬頭，卻被他的表情嚇一跳。他彷彿拚了命，全身傷痕累累。

這個在身邊相處了十幾年的男人，他是別人眼中的好丈夫、好爸爸。

但是我卻不熟悉他的各種表情，也許是他時常沒有太多表情，像是個冷靜、聰明的電腦，偶爾會跳出來解決問題，但是大部分時候都只是找出合理的行徑，然後執行程式，或是分析問題。

我好像沒有看過他受傷的表情，我甚至誤以爲如此理性的他，即使面對離婚也不會有太多的衝擊。

「妳說我們兩個對婚姻的期待不同，所以不適合繼續走下去。但是，妳是否也沒有給我機會，讓我了解妳的想法，是否沒有給我機會，想辦法解決問題呢？然後一開口就要離婚？」

「我要的婚姻不是解決問題而已。我說過很多次了，我要的是感受！」聽到這裡，我覺得又開始鬼打牆了。

「妳先聽我說完。」他很難得要認眞說這麼多話。

「對，我很傳統，我從小就扮演好學生的角色。我父母是南部的鄉下人，他們就是那種傳統的先生和媳婦的樣子，男人就是負責好好念書、找到好工作、結婚生子、拿錢養家。我以爲做好這些，就不會有大問題。但是我沒有遇過妳這樣的人，我眞的不懂妳要的是什麼……」

「對，你的確不懂……」我得承認我很失望，本來期待著他會有所不同，但也許一個人要改變眞的不是那麼簡單。更何況，他的一輩子，都沒有思考過關於感受或關係之類的。

「我本來也以爲妳跟我一樣，想要組成一個平凡的家庭，直到妳說妳不要這種什麼……沒有品質的婚姻。我才發現，我從來沒有想過自己要什麼，我就是聽話、盡責任、把身邊的人顧好，這樣而已。

「所以妳問我想要什麼，我也不知道……但是我知道，我的傳統個性還算有個優點，就是不輕易放棄。」先生把最後幾個字，加重了語氣。

他繼續說著：「我不是那種不願意離婚，死皮賴臉的恐怖情人。我只是覺得這樣不公平，我沒有機會認識真正的妳，沒有機會想辦法改善，沒有機會讓妳看見改變後的我，然後就放棄了？」

我困惑了。

他的話與充滿抗議、不甘心、不服輸，而且隱約有強烈的情緒，卻說不出來是什麼。

我沒有聽見「他愛我、他在意我、他願意嘗試了解我」之類的話語。也仍摸不清他不願意放棄婚姻，究竟是怎樣的心意？

但是他說的話，卻隱約讓我有種觸動。

「爸爸。」兒子從門後跑出來抱住爸爸。

他蹲下來，把兒子抱得好緊好緊，頭埋進手臂裡，微微地顫抖著。

這背影，透露出巨大的悲傷，向我襲來。也讓我心疼著孩子。

也許他是不及格的丈夫，但是，是及格的爸爸。

我看著他，這個熟悉的陌生人。

第一次，覺得我真實接觸到他的情緒，是活生生的人。

我總是抗議他不懂得欣賞我，但同時，我是否也沒看見他的優點？

是否婚姻關係久了，抱怨就變成生活的一部分？

最觸動我的，是他說的「不輕易放棄」。

在關係中的不放棄，是多麼珍貴。

畫面回到畢業的那個夜晚，那個男孩轉身離開，沒有試圖挽回，沒有試圖調整，還來不及解決問題。關係就結束了。

關係中，終究沒有誰對誰錯，只有如何選擇。

我用自己的速度在改變、在嘗試努力，卻忘了要給對方足夠的時間去嘗試。

對我來說，找到我要的東西，是「找回」自己；但是對先生來說，一個一輩子沒有想過自己要什麼的男人，卻是要重新發現「全新領域」的自己。

如果連我都要花這麼多年的時間，那麼，應該要給他多少時間呢？

但是在給他時間的同時，會不會我又牽絆住了自己的人生？

究竟婚姻中，要怎樣才算是平衡，才算是健康的關係，算是值得繼續努力的關係？

如果只是捨不得，那不算原因；如果只是不忍心傷害對方，那也不是好的理由。

我們都不想在關係中當「壞人」，但是本來就無法兩全。

「媽媽，我以後會聽話，會自己寫功課，上課不會搗蛋，也會考一百分。不去棒球班也沒關係，我可以去上英文課、作文課、畫畫課都可以。你們不要離婚好不好？我不要看不到爸爸，或看不到媽媽。」兒子哭得一把鼻涕、一把眼淚。

天啊，我心都碎了。我彷佛看見當年那個恐懼的孩子，一點一滴把自己的需要縮小、配合著所有人、討好著所有人，只希望父母不要離開我。

「我……」這一瞬間，我差點脫口而出，爲了兒子而留在婚姻中。

可是，如果是爲了兒子又要犧牲自己的話，那是不是又走回頭路了？這樣的家庭眞的會比較幸福嗎？這對兒子會是好的經驗嗎——用討好來換回愛？

我把兒子緊緊抱住。「寶貝，這不是你的問題，對不起，是爸爸和媽媽不好，爸爸和媽媽沒有學會好好相處。不管爸爸媽媽之後怎麼決定，我保證，絕對會讓你可以繼續看見爸爸和媽媽，你不會失去我們，我們永遠是愛你的。」

「我不要……」兒子哭了很久很久，直到在我懷裡睡著。

沉默了一陣子，我覺得彼此都需要冷靜一段時間。

「這樣吵不是辦法，我們分居一段時間吧。讓彼此想清楚下一步怎麼做，如果要繼續，要如何相處與改變？如果要分開，要怎麼安排生活？尤其是對兒子的部分，不管跟誰，一定要繼續有兩邊的愛。」

「好……那分居到什麼時候？」先生回應著。

「直到……我們覺得有決定為止。不論決定是什麼，我希望你會願意跟我一起去找婚姻諮詢，以前你總是不願意，說那是浪費錢……」

「好。我還是覺得不需要花這樣的錢，但我會試試看。」

「你要好好照顧自己，晚餐好好吃。如果有事情，還是可以互相聯絡。」

「假日我會來接兒子，公司有球聚，晚上再送兒子回家。」

「好。」

隔天，先生搬了出去，暫時住到公司的宿舍。我們分居了。

第三站

「我是來跟妳和好的。」朋友走進花店，把訂單丟在我桌上，強勢地說著。

我抬頭瞥了她一眼，繼續低著頭剪枝葉。

「唉……好吧。我投降了。」朋友卸下了武裝，露出侷促不安的樣子。

「對不起。不管我當時是怎樣了，對不起。」她很認眞的口吻。

「對不起什麼？」

「我因爲嫉妒的私心，說了反話要妳放棄夢想。」

「妳當時拿槍指著我了？」

「沒有，但是我沒有跟妳說老師要在我們之間二選一，到他的工作室當設計助理的事情。」

「但是妳也不知道，老師其實直接問過我。」

「什麼？」

「其實妳說的沒錯。雖然妳當年沒有選擇做偉大的聖人。但是，我也沒有選擇做那個勇敢追夢的人。」我說著，繼續轉著手上的花束。「所以，我的確是共犯。」

朋友坐下來，盯著我的臉看，嚴肅地說：「那妳現在給我說清楚！爲什麼學長回美國了，妳卻還在這裡插花？」

「噗。」我忍不住笑出來了。「哈哈哈！」

「妳幹嘛？發瘋了？」

「妳擔心的樣子好好笑。」

「神經啊妳。」朋友也忍不住笑出來了。「厚，我以為妳要跟我絕交了。」

「拜託，又不是國中生了。沒那麼無聊啦。」難得看到強勢的傢伙低頭，當然是要好好把握機會。「要接受妳的道歉之前，妳得先安靜、好好聽我說一番話。」

朋友開心的點點頭，那姿態就是一副「聽一番話」有什麼難的？

「妳上次說『妳有沒有想過，一直依賴我的意見，我的壓力也是很大的。』」

「那其實是……」她急著要接話的強勢作風果然又出現了。

「欸！」我直接打斷她。她此時很識相，做了個把嘴巴拉上的手勢，裝出一副洗耳恭聽的乖巧樣。

「我想了很久。對，我確實有這樣的壞毛病，不自覺地就依賴妳的意見。我也覺得這部分需要……嗯，跟妳說聲抱歉，我的確沒想過妳會有壓力。但是，我後來又想，我明明是個很敏感又貼心的人，為什麼我會沒發現妳有壓力呢？」我把頭抬起來看著她。

「我發現因為妳從來不肯示弱，妳難過的時候總是輕輕帶過，就算我關心妳，妳也是轉移話題或假裝強勢。然後自己想辦法撐著解決。對，妳變得很強壯，但是也孤單，就連我——應該是妳最好的朋友，都開始忽視妳的感受。

「可以說是，妳誤導著我，一直忽視妳的脆弱。」我看著她，確定她有接受到我的意思：「現在我要還妳那句話，妳，也是讓自己壓力很大的，共犯！」

朋友睜大著眼睛看著我，似乎情緒很複雜，不知道該怎麼反應。

爲了化解她的尷尬，我又說了：「所以，不要讓自己這麼孤單。我們可以又強壯又脆弱的，妳偶爾也可以依靠我的肩膀啊。」我拍拍自己的肩膀，自我推薦著。「我只是愛哭，但是我很強壯的。」

「噗。」朋友笑了出來。我看見她眼光閃爍著，應該是某些話有打進她心坎裡了。她帶著笑容，眼神看向別處，爲了掩飾自己的感動，我知道她現在一定會擠出某些話來。

「別說妳不了解我，現在不就被妳看透了。我可能眞的太強勢了，所以一直沒有穩定的對象。喂，先講好，不管妳接下來感情要去哪裡，老了都不可以拋下我喔。」

「好啦。知道啦。」

我們兩個相視而笑。

「另外，想請妳幫個忙。我想重漆椅凳的顏色，需要借妳的工作室用用。」我指一指正被我坐在屁股下的椅凳。這椅凳其實我小看它了，不知是否學長加強了支撐力。總之，還滿耐坐的。

「就這樣？」她的口氣很不屑。

「對啊。」

「我連當妳的離婚證人都可以。妳居然只提出這樣的要求。」

「我現在生活很滿足，沒有什麼過多的要求。只是牽掛著我兒子。」

「對啊，剛剛話題被妳轉掉了。妳還沒交代清楚，爲什麼又放棄學長了？妳不是已經準備要離婚了？」

「對，我的確想離婚。但是，離婚是因爲我好不容易找回了自己，我不想再把自己綁在關係中，那樣我很容易又變成以前討好的樣子。」我抬頭看著她。「沒錯，我現在只是在這裡插花，但是這是我自己的路，我不需要去迎合誰。」

「只是因爲這個大紅色冒犯到妳嗎？」朋友盯著我的椅凳看，試著找出端倪。

我笑了出來。「不是。只是這個大紅色，讓我發現到，其實以前和學長的戀情中，我還沒學會做我自己，在關係中，我總是不自覺的迎合對方。所以，學長喜歡的，終究是『他眼中期待的我』，而不是『眞正的我』。」

「那妳老公就更慘了吧？他連什麼是眞正的妳，都不想聽吧？」

「嗯，我也搞不清楚，他是『不想聽』還是『聽不懂』？總之，我們已經溝通到鬼打牆、鬼相撞、鬼見鬼的地步了。」

「所以你們現在算是？」

「我們先協議分居一段時間，因爲他說想要努力解決問題。我覺得他說得有道理，至少給他一些時間努力看看，或是沉澱心情，去接受這一切改變。而且，剛好這段分居時期，也讓我兒子有機會慢慢適應兩邊跑的生活。」

「他能努力什麼啊？拿更多錢回家？」朋友皺著眉頭。

「好像是，他會默默地把房租、水電、安親班費用都繳掉，有一天我還懷疑他回家打掃過。而且，兒子說他問起『媽媽最近在看什麼書？上什麼課？』」

「唉，可憐的男人。他也眞夠笨的，想要了解妳，就必須來問我啊。眞不懂得拜碼頭。」

「其實，我發現現在這樣也不錯。我不需要擔心經濟壓力，假日時候兒子又有爸爸顧著。我想做什麼都不太會被綁住，連我爸媽都懶得唸我了。」

「妳的意思是說，如果他變成工具人，不要阻礙妳前進的話，其實也不錯？」

我苦笑著，嘆了很長一口氣。「但是，這不是我要的婚姻品質。我只是退而求其次，暫時找到一個平衡。但不是長久之計。」

「嗯……」我和朋友，都陷入沉默。

「唉，我兒子整天問『爸爸什麼時候才搬回來？』前幾天他還跟我說『媽媽，其實這個男人還不錯啦。會賺錢，功課好，只是愛打電動；但是吃東西會想到要分妳；雖然沒有美感，但是選到妳也算是有眼光。妳就再給他一次機會嘛！表哥說，爸爸比舅舅脾氣還好、又會陪小孩玩、也不會罵老婆不煮飯。還不錯。』」

「這小鬼兼差當和事佬啊。」

「是啊，他最搞怪的地方是，昨天居然問我『如果你們眞的離婚，以後生日禮物會有兩份嗎？紅包會有兩份嗎？』」

朋友露出哭笑不得的表情。「這小鬼眞的是鬼靈精怪，不知道都去哪裡學到這些奇怪的話？他前陣子不是才呼天搶地的不要你們離婚嗎？怎麼現在好像適應得還可以？」

「其實，我發現這小子有很強的適應力。而且他還有一個我缺少的優點。」

「天啊，我好想知道喔。我幾乎沒聽妳說過他的優點耶。」

「是嗎？」我顯得有些不好意思，我以前的確忽略了要欣賞兒子的優點。「很多事情，他其實不是不會想，而是他很『樂觀』，他會用比較快樂、比較正向的方式去想這件事情，所以看起來就好像『沒什麼大不了』。而且他雖然很做自己，但是不會忘記也要顧到身邊的人。」

「哇，妳這樣說，好像眞的是耶。我每次跟這小鬼對話，其實都滿愉快的。而且他很容易滿足，看著他就會覺得快樂並不難。」

「是啊，我覺得以前我太過緊張了。擔心自己是不及格的媽媽，所以和兒子的互動都是要一直管教他。但是自從我懂得欣賞自己之後，我好像也更接納他的特質，和他更親近了。」

朋友誇張的拍起手來。「哇！好吧。至少，妳現在正在做自己想做的事情，而且除了老公外，和其他人的關係都變好了，這是件好事啊。」

她把桌上的訂單推到我眼前。「我也來幫妳一把，別說我沒幫妳啊。」

「這是什麼？」

「我要辦個人作品展。」

「哇！這麼快，妳已經解決創作的瓶頸了？主題是什麼？」我把展場資訊單拿起來看。「嫉妒——突破的原動力。」我直接聯想到了絲巾女士，不，是朋友當初解的那個夢境。我後來還是決定不要告訴她我也去了那場演講，以免她覺得尷尬，而且我當時以為她還沒回國，所以面對背影沒認出她來，不然她八成又要大做文章，說我不關心她之類的。

「怎樣？不好嗎？妳不覺得我這次的作品，把情緒的表達掌握得很好嗎？」朋友指著單子上面的作品照，繼續得意地說著。「嫉妒其實並不可恥，嫉妒會督促我們變成更好的自己。」

「對對對。」我一邊附和著，一邊佩服這位朋友，總有辦法把看似弱點的部分，轉換運用成有用的部分。這點我還眞需要向她多學學。

「嘻，而且展場需要妳的特製花藝，拜託千萬不要是那種死板板的花圈喔，又不是辦喪事，上次我被花商氣死了。」

「那當然！如果做出死板的作品，不要說妳，我自己都先吐了。」

「還有。」她把第二張紙推過來。「妳要去應徵這個工作，地點離這邊不遠。」

「這是什麼？設計工作室的暑期工讀生？我……我不行啦，我現在才重新上電腦的繪圖軟體，連上色技巧都不熟悉，我……」

朋友用腳踢了踢我的椅凳，挑著眉，盯著我看。

「好……我去。」總覺得如果不去試試看，好像又背叛了自己。

聽見我答應，朋友笑了出來，又推了一張紙過來：「最後。要邀請妳來參加開幕演奏。」

「喔，聽開幕演奏喔，這當然好。」

「不，是要妳演奏。妳現在不是又重新拉小提琴了？」

我從椅凳上跳起來。

「什麼？妳瘋了，妳沒聽過我的琴聲會哭嗎？妳剛剛才說不要弄得像辦喪事的？」

朋友被我逗得樂不可支，但是其實我是說眞的，這實在太令人焦慮了。

等到她終於笑完了，我以爲她會冷靜下來，沒想到她更瘋狂了。

「而且，聽好了。我不要妳爲這個展場換新的小提琴，我就要那個會哭的。就這麼說定了，記得帶小鬼一起來啊，展場見！」

我愣在原地，無法做出任何反應。

朋友倒是開心地揚長而去，離開前還不忘得意地說著：「妳有得忙囉。」
這下，我是應該開心，還是焦慮呢？

第四站

解夢師聽完我述說最近的改變，她微笑著點點頭。

「現在的妳，根本不需要我。」

「我需要！我還在面臨離婚的混亂中，我還在焦慮我的小提琴演奏，我還……」我急著想要把煩惱一次說完。

「不！妳現在有小提琴、有椅凳、有發光的小灰女、有允許出現的棕色男子……，妳有太多了，妳不需要我。」

解夢師用更堅定的語氣說著。

「而且我確定，妳沒有我之後，會更相信自己。」

我安靜了下來，似乎懂了她的意思。

她要我相信自己，而不是期待由她口中來認同自己，或者變成一種依賴。

雖然現在的我，愈來愈信任自己，但是偶爾還是會懷疑、會疑惑、會害怕，所以有時候會不自覺地想要尋求他人的認同。但是也許不能夠太多，否則一不小心，又會走回頭路。

「妳現在需要的，是找到一些方法來跟自己相處，尤其是在自己困惑不安的時候，可以沉澱自己。只要妳平穩下來，知道自己要什麼，逐步的前進，這樣就足夠了。」

「可是我有時候，即使沉澱了一陣子，仍然不確定自己要什麼，怎麼辦？」

「妳覺得呢？」解夢師反問我。

「嗯……等待嗎？」

解夢師又展開微笑，似乎在說：看吧，我就說妳知道。

「是的，就是等待。生命中有許多難題，沒有標準答案，更不會立即解決，有時候我們所歷經的過程，就是最精采的答案。我們往往以爲珍貴的是終點的一個畫面，卻不知道精彩的是一段路程。生命中有些困難，並不是要解決，而是要經歷它。」

「就像我這幾個月的日子一樣，精彩得像一部小說了。」我忍不住喃喃自語著。「現在回想起來，眞的是每一段經歷都好重要，不管當時覺得是好、是壞。即使逃避了，終究要回頭面對。」

「是的，因爲人生的意義，也在於我們如何把經歷到的，變成在往後、或在心裡面是有意義的。」解夢師這樣跟我分享。

「我眞的體驗到夢境讓我有不可思議的改變。但是，一般人也會有這樣的變化嗎？大部分的人應該是像我一年多前、第一次來解夢時那樣吧？」

「是啊，夢境本身因爲帶來潛意識的訊息，所以如果願意啓動自我療癒系統的話，是能夠帶來深層的療癒的。但是需要有非常多的條件和投入。以妳來說，妳自己走自我療癒這條路，妳覺得需要什麼？」

「嗯，最基本的就是不能想要偷懶囉，不能想要依賴別人給答案。對於探索問題要自己努力思考。就算想不出來就先保留在心裡，有時候日常中會看到什麼、聽到什麼就突然又想到了。」

解夢師笑一笑，點點頭同意我，她沒有說話，似乎等著我繼續說。

「而且要很誠實面對，不能因爲覺得很糗，就不講出來。」

「對啊，有時候妳就算紅著臉也會小聲地講出來。哈。」解夢師還趁機挖苦我。

「還有啊！」我趕緊轉移話題，看來「害羞」的個性也很難改啊。「需要很長一段時間，就算失去耐心還是要等待、等待、再等待。」

「聽得出來其實過程等得滿無奈的。沒關係，很多人都這樣。」解夢師笑一笑。

「而且，確定好自己要什麼之後，如果生活中需要改變的部分是對自己很重要的，就一定要去改變！」我猶豫了一下，緩緩地繼續說：「但是，改變後可能會帶來很大的衝擊。所以……還要有接受衝擊的勇氣。」我的聲音愈來愈小聲。

「要接受衝擊眞的不容易啊。」解夢師同理著我的心情，繼續說：「所以啊，妳有沒有覺得，自己眞是不可思議，可以這樣一路走過來？」

的確。以前的我，絕對想不到自己可以這樣辭掉公務員，奔回創作的工作。

「不過，」我忍不住好想說。「也真的需要一位引導者，像解夢老師這樣，才能讓我往成長的方向走。真的，很謝謝您。」

「我收到妳的感謝了。但是，我只是引水人，告訴妳水源在哪裡，但是能夠喝到美妙的水，都是靠妳自己走出來的。」

聽到誇獎我還是有些不好意思：「嗯，其實我身邊的人也不容易啦。像我爸媽這次也滿厲害的，他們那麼傳統，但是被逼著得接受我的改變，我發現他們其實觀念上沒有太大改變，但是，居然漸漸的愈來愈少唸換工作的事情。上次我給我媽看摩天輪花束的照片，她還誇好漂亮，羨慕到抱怨我老爸都不懂浪漫耶。」

「所以，表面再怎樣傳統的人，其實內心都還是很在意關係的。不論是親子或婚姻關係都是。」解夢師補充著。但是聽到婚姻關係，我的心一沉。

「嗯，我的婚姻關係，恐怕走到瓶頸了。只是他還需要時間去接受事實。」

我知道解夢師懂我的意思，但是她的反應始終如一，不對我的人生決定給予建議。而這樣的態度，反而也是讓我成長的重要因素之一。

她通常只給我方法。

「你們可以試試看婚姻諮詢或伴侶諮商，我可以推薦這方面專長的心理師。」

我說：「但是，也要他願意投入啊。他總是不相信自我探索有什麼用處，說那些都是對自己沒信心的人，去聽一些安慰激勵的話而已。」

「哦，那妳有聽過我表面安慰妳什麼？」

「哈，好像沒有耶。妳幾乎都是問問題，引導我自己去找答案。」

「是的。婚姻諮詢也是如此。心理師不會告訴你們怎麼選擇，但是會不斷地問問題，就像夢境探索一樣，最終得靠妳自己尋找答案，並且自己做決定。」

「不過，我得說，這個專業的引水人，還是很重要的。」

我們心領神會的相視而笑。

第五站

解夢工作室的大門被推開，傳來一個中年男子的聲音：「請問，來這裡一定要有夢境才可以嗎？」

只聽見大姊回答道：「年輕人，這裡是解夢工作室，如果沒有夢境，我想不出來還可以幹嘛耶？」

「就是……因爲我幾乎不做夢，可不可以來聽理論就好？」

「其實，理論上來說，每個人每天晚上都會做夢，只是記得與否而已。如果你真的想了解自己的夢境，你可以先練習記夢。」大姊繼續詢問。「不過，如果你沒有夢，又爲什麼要了解夢境？」

男人沒有講話，感覺氣氛有些僵。

大姊只好自己接話：「好吧，你可以先參加講座。碰到我算你幸運，沒有任何助理會這樣詳細介紹的。誰叫我不缺錢，只是想要來撿迷途羔羊。」

「什麼羊？妳是說參加講座和什麼羊？」

「哎呀，你是怎樣啦。失戀喔？精神這麼差。」

彷彿一陣冷風襲來，男人還是不發一語，難免讓人猜想該不會眞被大姊說中了？只聽見大姊趕緊轉移話題。「不是啦。我是說，其實我本來是外商公司的主管，年薪百萬起跳的那種。我的世界裡面就是客戶、生意、訂單啦。直到……發生了那件事情……」

大姊難得停頓了下來，好像斷線了一樣。「哎呀，不說了，反正就是遇到很大的挫折，我才驚覺，人生不是一路往前衝就是人生勝利組。什麼勝利組的都是狗屁，如果身邊的關係沒有顧好，那就什麼都沒有了。

「那時候我辭掉了工作，因爲一些緣份接觸到解夢探索，有了一連串的醒悟。所以，後來決定不回到商業職場了。我想要幫忙撿回一些，曾經像我一樣迷路的小羊。」

大姊停頓了一下，可能想確定男人的魂魄還在，然後繼續說：「所以我就在這裡當助理啦，誰叫解夢師不願意拓展生意到海外去，連開分店都不願意耶，我都找好廠商要做〈解夢眞EASY〉的手機APP了，她也不要。天啊，超級沒有生意頭腦的，我只能窩著當助理啦。」

男人終於回話了。「妳剛剛說的講座是什麼時候？」

大姊頓了一下，嘀咕著：「天啊，這年輕人的應對怎麼回事，完全活在自己的世界裡……講座課程表在這裡，選定了場次就線上報名，然後準時來。」

「好。謝謝。」

那人走了，大姊還在嘀咕：「唉我知道了，這人不想要和別人有太多交流，就是那種標準的目標導向個性。」

這時，我才悄悄地從後方探出頭來，瞥見男人離開的背影。他駝著背，拖著步伐，卻走得很快。

我和解夢師進行完諮詢後，正巧坐在這矮櫃後面、隱密的個人沙發區，進行書寫和自我對話。爲了避免讓這男人感覺尷尬，直覺地保持安靜來隱藏自己，卻變成有偷聽嫌疑的彆扭。

大姊看到我，似乎也不以爲意，繼續碎念：「妳說，不作夢的男人要參加解夢團體，到底有什麼天大的原因，要讓他這樣做？八成又是個科學至上的理性者，來踢館的。」

我聽不懂大姊在說什麼踢館，但是我心中困惑著大姊剛剛講話中的停頓，直覺告訴我那是個悲傷的故事。可是，直覺又告訴我，別問比較好。

「嗯，大姊，原來妳是助理啊？我一直以爲妳是來這邊自我成長的學員。」

「有差嗎？」

「是也沒有什麼關係。」

「她喜歡僞裝在人群堆中，等待適當時機，享受著推別人一把的刺激感。」解夢師不知道什麼時候走出來，補上這一劍。

「唉唷，工作就是要找樂子啊。不然妳說，這種助人工作每天遇到的都是愁眉苦臉的人，有些脾氣還很差，然後薪水這麼低，如果不好玩，我還不如轉行或退休哩。」

是啊，就像我。以前以爲工作就是穩定賺錢就好，現在才懂得工作也要「好玩」。

雖然結束了個人夢境的諮詢，但是我決定繼續上一系列的課程，可以之後繼續幫自己解夢。說不定，哪天也可以幫別人探索夢境，還有機會幫別人一把。

我也跟大姊要了張課程表。

第六站

周末，到了小提琴演出的這一天。

即使我已經每天練習了，那琴聲仍然像是低鳴一般的嗚咽著。

看著朋友站在台上開場致詞，在後方等待出場的我，緊張到簡直亂了頭緒，甚至開始猶豫要不要轉身逃開。我兒子倒是開心極了，因爲現場有很多小糕點，和一堆會誇獎他的阿姨們，讓他滿足了愛現的個性。

此時，我打開了那張紙條。當年，爲了要自己不要忘記小提琴曾經帶給我的喜悅，所寫下的。

看著看著，心情逐漸平靜了下來。

掌聲中，我平穩地走上台。

我不急著開始演奏，反而是拿起麥克風，同時瞥見朋友對著我用力地猛點頭，似乎她早已預料到我會這麼做。

現場非常安靜，我聽見自己清楚地說著。

「十八歲的我，曾經好愛小提琴，卻被迫不能再練習，當時的我想要這樣告訴全世界。」

我拿起紙條，緩慢地唸著。

「也許我不是著名的音樂家，卻是自己人生小舞台中，最重要的主角。

「我遺失的，不只是喜愛的事物，還包括一種對自己的器重。

「可惜長大後，在現實生活的耀眼下，我們往往以爲自己暗淡無光，所以硬要擠到別人搭建的舞台上當小配角，卻沒有發現那不是自己要的。這就是我這十幾年來，遺失的自己。」

是啊，當大家都爭著要擠上大舞台，想辦法把別人踹下去時，只有妳在一旁的小舞台獨樂著。又有何不可呢？

「今天，我朋友安排我做爲開場演奏，絕對不是因爲我的琴聲好聽，而是因爲，我的琴聲是好不容易才找回來的。也希望這樣平凡卻眞實的聲音，也可以讓各位想起最初的自己。並且，勇敢做自己。」

我看見台下每個人都好專注地聽著，我用眼淚走出來的眞實生命。

我和我的小提琴，此時大大方方地展示在舞台上，我們不是最美，卻是最眞實的畫面。

這睽違十幾年的畫面，終於在自我的舞台中，實現了。

在重新接觸生命的那一刻，小提琴的音色緩緩地流瀉出來。

夾帶著些微悲傷的聲音，貼切地訴說生命的美好與遺憾。

此時的悲傷也是感動，缺憾也是美麗。

我終於重回自己人生的舞台。簡簡單單、平凡而不華麗；吃得不豐盛但是也餓不著。真實又快樂，這樣就足夠了，不是嗎？

腦海中，閃過這十幾年來的風風雨雨。

我看見了大學創作椅凳的雀躍傻樣；也看見了考上公務員時所化身的石頭監牢；看見了佇立在櫥窗羨慕設計創作的婦人身影……還有，那天和學長在星空下的對話；提著便當盒的父親背影；最後一次和先生的激烈爭吵……

這些畫面，化作一個個音符，圍繞在我和小提琴周圍，發出金色的光芒。

不論是悲傷或感動，如果落在棕色男子的眼眸裡，都是無盡的包容。

黑暗中，我隱約聽見了啜泣的聲音，來自觀眾的共鳴。

在我拉下最後一個音符時，現場一片安靜。

睜開眼睛，發現自己也泛著眼淚。

而我的朋友，率先站起身來用力鼓掌，帶動其他觀眾也起身鼓掌。

這掌聲持續好久好久。

謝謝你們的看見，我會記住這一刻，從夢境中真正的覺醒。
在自我舞台中，自信地閃耀著。
展場的序幕，在小提琴的謝幕中開啓了。
我彷佛看見一個熟悉背影，
快速地離開了現場。

第七站

我終於懂了什麼是踢館了。

解夢講座進行著，大約三十人的場地。因爲會播放投影片，所以現場燈光幽暗迷濛，卻也意外替潛意識增添幾分神祕。

有些人看起來就是解夢師的追隨者，坦蕩蕩的報出大名和夢境，毫無防備又滔滔不絕地講著，享受著被層層扒開的過程。

但是有些人始終帶著懷疑的表情，有時候皺眉，有時候抿嘴。

大部分的人則是觀賞黑色幽默電影般，嘖嘖稱奇。

「請問。」昏暗的角落中，一個戴著口罩和鴨舌帽，完全遮住自己的臉，甚至壓低著聲音講話的男子，似乎醞釀了一番，終於緩緩舉起手來提問。

「如果解夢是需要靠做夢者自己聯想的話，那不就是聯想到A，會往A方向去解；但是聯想到B，又會往B去走，那麼我們怎麼知道哪個才是正確的事實？這樣的理論有沒有研究可以支持？這個解夢的方法有被驗證過有效性嗎？」

我發現助理大姊大喇喇地翻了一個白眼，但是解夢師卻始終帶著笑容，讓人猜不透她內心在想什麼。她低頭思考了幾秒鐘，不急不徐地開口。

「嗯，感覺你很重視『事實』。關於所謂的『事實』，我想先請大家思考一個問題。」解夢師抬頭看著大家。「如果有一天，你跟身邊重要的人吵架了。你會堅持著要吵出一個對錯、一個事實、一個理性的解決方法。還是你會希望彼此各退一步、理解彼此的感受？

「如果你堅持要有一個事實，你愈堅持、就會愈發現：『在關係中，沒有絕對的對錯和事實』。例如，你的父母吵架了。兩個人都來找你訴苦，但是你發現公說公有理、婆說婆有理，請問現在所謂的事實，是單一的嗎？

「在潛意識的世界裡，所謂的『事實』，是多面向的、是變動的、也是層層深入的。

「曾經有一對夫妻，爭吵著煮飯問題。媽媽認爲自己煮了十幾年，應該換爸爸煮；爸爸覺得自己不知道柴米油鹽放哪裡，煮了又被嫌東嫌西，乾脆大家出去吃。但是媽媽又覺得出去吃浪費錢，覺得爸爸不願意爲家裡付出；爸爸氣得大吼：『我每天辛苦工作，難道不是付出？』然後媽媽也大吼：『賺錢就是付出啊？好啊，那換你在家裡二十四小時照顧老小、全年無休。然後我出去工作賺錢啊？』」

解夢師看了大家一眼，確定大部分的人都跟上了。

「請問你剛剛聽到什麼故事？」

「你是聽到一對夫妻，爭吵著誰要煮飯的事實。還是你聽到的是，雙方都希望對方懂自己的辛苦，卻不知道怎麼表達？

「要解決『人我關係』的問題，要從『感受』出發。我們必須問，他們各自的感受是什麼？我們夠貼近、夠理解他們的感受了嗎？如果這對夫妻的感受被理解了，丈夫理解妻子希望付出被看見、而不是被當作理所當然；妻子理解丈夫願意用金錢來表達體貼，害怕自己的付出卻被嫌棄；互相明白兩人在堅硬的外表下都有一顆玻璃心。那麼他們還吵得起來嗎？

「所以，回頭來說。在關係中，如果堅持要爭對錯和事實。你會錯過理解彼此，與和解的機會。」

解夢師環顧四週，拉長了聲音。「在潛意識中，夢境探索也是如此。如果你堅持要爭對錯和事實。你會錯過理解自己，與自己和解的機會。」

大家鴉雀無聲。不知道是否都跟上了？

而我的內心，莫名地波動。

我曾經理解過先生嗎？

甚至要猜測他的感受，都好難。

解夢師繼續說著，也把我拉回此刻。「另外，你提到的是否有理論根據。通常人文社會科學，會偏向『質性研究』的方式。但是這個研究方式也仍然被傳統的『量化研究』所質疑。如果你眞的有興趣，可以研讀相關的書籍。不過，我認爲你會有此疑問的眞正原因，是你沒有體驗過所謂的自我探索。當你體驗過，你會明白多面向事實、逐步接近眞相的感受是什麼。」

「可是，如果沒有明確的事實和眞相，我怎麼會知道自己走的方向是對的？而且，說不定會在困惑的狀態下，被別人錯誤引導，卻以爲是自己的想法。」這位男子不客氣地質問。

「你會知道的。你的心會告訴你。」解夢師笑一笑。「你要不要試著提出一個夢來探索看看？」

「好。」男子感覺有備而來，或者說，他不認爲夢境會挖掘出什麼內心祕密，所以無所畏懼吧。就像我一開始那樣，覺得解夢不過就是算命，聽聽笑笑就好。

此時我莫名地爲這個氣氛捏一把冷汗，擔心男子被赤裸裸地揭開而受傷，也擔心解夢師被胡亂地踢館。

「其實我一向沒什麼夢境。但是很奇怪，來講座之前，今早竟然記得一個夢境。可能是因爲睡前我正在打電動，剛好是有建築物和潛水關卡。我夢見我進到一個虛擬情境的建築物裡面，畫面像是動畫一樣，但是後來變得滿眞實的。那個建築物開始從頂樓進水，我趕緊拿著各種工具啊、長梯啊，爬上去修理，剛開始滿有用的。但是後來，又突然爆開，我被水淹沒，一邊掙扎、一邊擔心我的家人怎麼辦？但是我卻看到他們輕輕鬆鬆地浮在水上聊天，沒有人發現我快要淹死了。」

解夢師的第一個問題：「你在夢中的感受是什麼？」

「就有點緊張，都修不好那房子。其他沒什麼感覺。」

另一個婦人有些激動地插話：「你在家裡很孤單吧？」

「爲什麼這樣說？」

「一種感覺。就那個畫面給我的感覺。自己一個人忙著修理，其他家人卻輕鬆聊天，沒有人在意我，好像只有我在意這個房子要毀了。」婦人愈講愈激動。

男子卻冷冷的回應：「沒有吧。那些畫面就是睡前我打電動，剛好是潛水關卡的畫面啊。」

「事實上，夢境所呈現的訊息，不會是剛好而已。佛洛伊德甚至認為『夢境的材料，都是前一天曾經出現過的訊息』。但是一整天下來的訊息可能成千上萬，包括我們所見、所聽、所聞、所想，但是為什麼偏偏選中這些材料，是因為這些材料背後，觸動到我們的潛意識。」

「好，妳都搬出佛洛伊德了，我們先假設這是正確的。那到底觸動到什麼？」男子還是氣勢凌人。

我現在覺得助理大姊的角色眞是重要，因爲她翻光了所有解夢師無法翻的白眼。

「首先，場景的隱喻。有時候我們所在的場景是清晰可辨的，但是有時候需要靠著線索來推論。你在夢中的景場一開始是虛擬的，通常虛擬的開端，正說明著你對自己的感受不熟悉，或者想要逃避防衛，所以才會是虛擬情境，以便讓你逐漸卸下心防。」解夢師似乎也開始不客氣了。

「雖然不知道這個建築物是誰的房子，或是什麼場所。但是，根據你努力地想要修復它，加上後來出現了『家人』，所以我們可以大膽推論，這個夢境的議題是家庭關係。」

解夢師停頓了一下，確定這男子目前沒有要申訴。

「再來，『大量的水』在潛意識意象通常是代表『情緒』，尤其是負面的情緒。」

「等一下！」男子找到抗議的時機了。「不是說探索夢境的方式不是算命嗎？怎麼又出現通則了？」

「因爲你還沒聽我說完。一般來說，愈是接近原始大自然的元素，在潛意識的共通性特別高，例如太陽、黑夜、下雨、打雷、森林、大水、火、風、植物、動物……等等。當然還是有極少數的例外。相對地，離原始大自然愈遙遠的元素，愈需要探索個人的象徵意義。」

那個婦人又激動了起來：「所以他在家裡不管怎麼努力，都快要被情緒淹死了！但是其他家人卻都不知道？」

解夢師點點頭，現場開始出現窸窣的騷動聲。

男子不甘示弱：「不要太快下定論吧。還有些不是大自然的元素，我剛剛沒有提到。例如說：那個修理的工具，我很清楚看到是一個扳手。然後最後的水面上，飄著一朵金色的玫瑰花。」

「很好。」解夢師看似詭異地微笑著。「那請你說說你對『扳手』、『金色玫瑰花』的自由聯想是什麼？**自由聯想就是：想到什麼說什麼，不用管對錯，你的心自然會告訴你。**」

男子不以爲意地說著：「『扳手』就是好用的工具啊；『金色玫瑰花』……不知道，沒有想法。因爲金色玫瑰花和我不搭。」

「那和誰比較搭？」

「女生啊。尤其是比較夢幻的女生啊。」

「例如你身邊的誰？」

男子似乎有些不耐煩，解夢師發覺到了：「請不要覺得我故意找碴。而是解夢的過程，很重要的就是**追根究柢問下去，直到有『個人的象徵意義』**為止。」

「很多啊。情人節不是都有一堆。」

「我指的是你『身邊的人』。」

「唉。」男子嘆了一口氣。「那可能是我老婆吧。她比較夢幻，常常說著婚姻關係想要怎樣的。她想要浪漫，所以我一定要記得結婚紀念日要買禮物送她。我去年才送了一對……」

男子突然停頓了。

「你送了什麼？跟玫瑰花有關？」

「是……一對黃金玫瑰花耳環，店員挑的，她說很多女人都喜歡。可是……」男子的聲音有些顫抖。

「當你覺得心跳加快時，就是接近答案了。再鼓起一些勇氣，接著說。可是什麼？」解夢師鼓勵著他。

「可是她還是很不滿意，我不懂自己做錯了什麼。前陣子吵架，她把桌上的擺飾盒掃下來，一直到昨天早上，我不小心踩壞了那對耳環……」他哽咽了，不斷地靠著深呼吸來緩和自己。

此刻我全身發抖著，壓抑著自己不要衝出會場。

天啊，是那對耳環嗎？我以爲不見了……

現場此起彼落的討論聲。

「他好像哭了耶。」

「他是不是婚姻有問題啊？」

「他老婆也太不知足了，買了禮物還不滿意。」

「那個扳手的意義，是不是他把自己當作家裡的工具人啊？」

解夢師說：「這位夥伴，我感覺你來解夢，卻又不相信解夢，其實是因爲你心裡受傷了，你習慣很理性地處理情緒，但是對於大量的情緒，如果只是用理性分析，是無法解決的。就像你現在面臨的婚姻關係一樣。

「這個夢境顯示，你用理性的工具想要修復婚姻的衝突，但卻很無助，負面的情緒淹沒了你，你和其他家人——主要是老婆，身在同一個屋簷下，卻有著遙遠的距離，你心裡很孤單。並且，你好擔心家就要垮了。

「試著思考一下我前面曾經說過的，我們和身邊的人吵架了，究竟是要爭個對錯，還是要試著理解彼此。你說你老婆想要浪漫，所以你買了耳環，她卻又不滿意，似乎，你並不了解她眞正想要什麼。相對地，她也沒有理解到你有多努力、多無助。」

我突然地大喊：「如果有機會，你希望老婆理解你什麼？」

現場一片沉默，我也不敢回頭看他。

「嗯……理解我眞的盡力了，我無法回應她說的那些。」先生的聲音聽起來很沮喪，可能正淹沒在焦慮中。他也許還沒發現是我。

「哪些？」解夢師追問的同時，看了我一眼。似乎明白了我們的關係。

「什麼夫妻關係要有互動，我不是都有跟她說話嗎？什麼我們兩個互相不理解，我這個人很單純很好理解啊！什麼我都不表達自己的感受，我通常就眞的沒有感受啊。」

「等等，我覺得這部分你們需要做婚姻諮詢，這樣吵是沒有結果的。但是回到此時此刻，就在剛剛，你說的都是『想法』，你沒有說清楚你的『感受』。」

「什麼意思？」

「你的感受是什麼？你覺得很無助、不知所措？你覺得很生氣、很委屈？還是你很孤單？」

先生突然大喊：「我覺得不想要離婚。這個家就是我工作的全部原因，我的老婆、我的小孩，我打從結婚開始，就認定要一直當家人到老。我一直加班，下班後又一直打電動，是因為打電動有成就感，待在客廳或睡房，我不知道要跟老婆聊什麼，有時候說沒兩句話，她就不開心了，我怎麼樣都修不好，我拿再多工具都修不好！」

「嗯，我聽見了你覺得很害怕失去這個家，你其實很在意家人，但是又很無助。因為你不知道該怎麼做，最後只好逃避，卻讓情形更糟糕。」解夢師緩緩地同理著。

現場瀰漫著一股悲傷。我滑落了眼淚。

身邊的男子，拍了拍先生的肩膀：「兄弟，今天回家，就跟老婆講剛剛那一段話。」

我輕聲地說著：「其實你老婆要的，也許就是這個，你不需要當個全能的問題解決者，她只是需要知道彼此的感受，想要能靠近你一些。」

解夢師突然大喊：「好，全部的人都站起來吧，我們要回饋一下今天的勇者，他這麼勇敢地表露真實的感情，我們要給他更多回饋。」

除了先生以外，現場大約二、三十人全部站了起來，等待指示。

「請問，一開始這位先生提問的時候，那種理性分析的態度。當時你們覺得在心理上離他的距離有多遠？請直接移動你的距離來表示。」

每個人都紛紛的找到離先生最遠的距離，甚至有人跑到台上去，有人開門站在門外。

「所以大家都覺得當時的距離很遙遠，甚至不在同一邊。有時候我們以為自己在解決問題，卻沒發現是這樣的態度把彼此推遠了。」解夢師說著，大家紛紛地點點頭。

「好，那現在，當這位先生說出最後那幾段真情流露時，你們覺得在心理上離他的距離有多遠？請直接移動你的距離來表示。」

所有人像是等候已久、迫不急待要跟偶像會面般的，紛紛湧上前去，把先生團團圍住。

「這位夥伴，現在你知道，你老婆想要的『彼此靠近』指的是什麼了嗎？」

我看不見先生的反應，但是可以想像他驚訝的表情。

「最後，請你們輪流用行動來對這位夥伴表示，剛剛聽完後的感受。」解夢師下了第三個指令。

像是流暢的默劇般，每個人輪流上前去拍拍他的背、豎起大拇指、擊掌之類的。

解夢師問著：「這些人都沒有替你解決婚姻難題，但是你現在感覺怎麼樣？」

「還不錯。」先生靦腆地說著。

「是的，真正的力量，不是直接替對方解決問題，而是讓對方知道他不孤單。當一個人不再無助時，才能想出辦法來，或做出改變行動。下次當你不知道怎麼回應你老婆的時候。就拍拍她吧。」

解夢師繼續說著：「探索夢境的過程也是如此，很多難題，不是看見了就能立刻解決。但是如果我們不單是用理性來看見，而是用感受來理解、來陪伴，才有長出新力量的機會。」

我刻意排在最後一個。

「最後一個問題……」我低著頭，用氣音詢問。

「你今天爲什麼來解夢？」

「我想知道我老婆在搞什麼鬼。」

「更正。你想了解你老婆。」

先生拍了拍我。

後記

我變成了夢境成長的捍衛者。

暑假開始，我利用空檔時間，進入設計工作室裡做工讀生，那位年輕的設計助理女孩，沒有了平常的傲慢和頤指氣使，反而是愁眉苦臉地嘆氣。

我忍不住想要關心她，畢竟大家一起工作，而我也曾經是年輕的女孩。

我決定單刀直入的問，畢竟這女孩做事和講話總是很俐落：「妳怎麼了？今天看起來心情很不好，有煩惱啊？是不是和男朋友吵架了？」

「工讀阿姨妳怎麼知道？」這女孩仍然不客氣地這樣稱呼我。

「不是說了別這樣叫我？」我難免有些惱怒，但是很快就氣消了，算了，算了，阿姨就阿姨吧，而且工讀生也是個事實。「阿姨也是年輕過的，而且說不定還長了些智慧，看妳苦瓜臉的樣子，八成跟感情有關。」

女孩嘆了口氣：「唉，其實我們昨晚吵了一架。但是吵架其實不礙事的，因爲我們常常吵。只是，後來我就做了一個夢，感覺是很壞的預兆。」

夢？！太棒了！

女孩滔滔不絕說著：「工讀阿姨妳說奇不奇怪。昨晚我們吵架就是因爲我不爽有個學妹，總是一直跟他傳Line訊息，什麼『早安，你在幹嘛啊？』＋眨眼表情、『晚安，你猜我正在做什麼？』＋臉紅表情。眞是莫名其妙！她做什麼關我男友屁事？閒著沒事幹不會自己去交個男朋友啊，幹嘛搶別人男友。但是最氣的是，我男友卻說是我無理取鬧。妳說氣不氣人？說起來我就一肚子火！」女孩氣到有些嘴唇發抖，但是眼眶卻是微微泛紅。

雖然我無法理解年輕人講哪些話算是有曖昧，究竟需不需要生氣，但是我最近理解到「**情緒本身都需要被接納**」。

所以我回應她：「如果妳覺得很生氣，那一定是內心有受傷的感覺。而且妳男友反而怪罪妳無理取鬧，如果是我也會難過的。」

女孩很不服輸：「阿姨，我和妳不一樣，我不是難過，是生氣！難過是looser的行爲，是輸家，贏家面對不合理的事情，就是據以力爭。」

我決定讓著她：「好好好，妳是生氣，沒有難過。」

因爲現在的我懂了，每個人心中都有期望自己是什麼樣子。就像這個女孩，希望自己是強悍的贏家，所以明明內心感覺有些擔憂和難過，卻不願意承認。也許，應該要尊重她的步調。就像我當時，也不願意承認自己和「討好的小灰女」，其實是同一人。

我幻想著這年輕女孩說不定心中有個難過的小青女，然後她會像我一樣，把自己推開。恩，不，她應該會做的更狠。哈，可能會是有趣的畫面。

就在我忍不住幻想這女孩扭打小青女的同時，她繼續講起她的夢境，而我很快地就回神了，畢竟，我真的對夢境很好奇。

女孩說：「昨晚我夢見，我跟男友走在一起，突然出現一個陌生女孩，那個女孩的臉我看不清楚，我覺得就是那個學妹，學妹挽著我男友另一側的手。我男友還對她輕聲細語的，但是轉過來對我就是冷嘲熱諷的，我跟他抗議，他還很平淡的回我說『妳對我怎樣講話，我就怎麼回妳』。最後我看到的畫面是，我們三個就這樣走在一起，好像定格一樣清楚。」

我思索著，這個畫面真的很奇特，而且女孩的語氣很強調最後的畫面。

「阿姨妳說，這是不是表示我男友真的有鬼！這畫面根本就是三人行啊，我男友已經明顯地做成這樣了，我今天晚上要找他說清楚，逼問他是不是跟學妹出軌外遇。我是絕對不會接受這樣的事情！」女孩繼續氣呼呼地說個不停。

我心中很疑惑，回想我最近學習到的解夢，夢境的解析不只是表面而已，而是潛意識要呈現夢者不想面對的部分。但是，女孩對於外遇劇情的憤怒，已經很直接地表現，那到底不願意面對的是什麼呢？

於是我回應她：「嗯，我不確定夢境是不是說妳男友眞有外遇，不過，我記得解夢師曾經說『夢中的人物，大多都是我們自己的一部分。而且通常是無法接受的那部分。』」

「阿姨，妳別開玩笑了。那個學妹我討厭死了，怎麼可能是我的一部分？」女孩完全無法接受。

奇怪的是，我腦中閃過第一次知道小灰女可能是內心的一部分時，我的反應就像現在眼前看到的這樣。

所以我知道該怎麼做了，雖然這麼做有點小殘忍。

「那就說說妳爲什麼厭惡她吧。」

「這可有得講了！那個學妹是我最討厭的類型，表面上假裝楚楚可憐，實際上就是有公主病、自我中心，以爲地球要繞著她轉，不在意別人的感受，對於感情就是玩弄勝負的遊戲，而不是眞心要經營，所以才會喜歡搶人家的男友。還有啊，講話總是溫柔撒嬌，聽了就噁心。」

我複誦一遍：「楚楚可憐、公主病、自我中心、玩弄感情勝負、溫柔撒嬌。以上是妳討厭她的原因。」

接著就是探索相關性，我說：「我們先假裝夢裡這個女生不是學妹，她就只是個劇情中的角色，妳覺得這個角色，哪些點可能有點像妳？」

「哇，阿姨妳還眞是不死心啊。好吧，我怕妳了，如果是這樣……嗯……。」女孩想了很久。

我繼續鼓勵她：「一點點像、或只是曾經像，也可以喔。」

「一點點喔，可能就是，如果我男友爲了她跟我提分手，我會覺得自己『輸了』，覺得對方『贏了』。這會讓我很不爽。」她回答。

「所以是『玩弄感情勝負』這部分有一點點像。」

她聳聳肩：「是啊，硬要說的話囉。」

「那關於楚楚可憐、公主病、自我中心、溫柔撒嬌的部分呢？」

她想了想：「自我中心可能也有一點點吧，我曾經聽過朋友這樣說我，不過這部分我不太在意。溫柔和示弱，跟我男友相比應該是我比較強悍，不過一開始曖昧的時候，爲了讓他一直追求我，我刻意表現很溫柔、讓他很有成就感的樣子，之後成功在一起，我有一種勝利的感覺。」

「所以，如果這個女生角色也是妳的話，代表『曾經很溫柔、讓對方覺得有成就感、有點自我中心、玩弄感情勝負』的妳。是嗎？」

她像個主管一樣批准：「這些部分我還算同意。」

「好。那我把妳的夢境重說一遍，這次我會假設這個女生角色是妳，把妳們相似的部分一併帶進去講，妳也先假裝這個角色是妳，然後思考看看可能是什麼樣的寓意？試試看好嗎？」

「好吧，反正也沒有損失。」她一副無所謂的樣子。

我很緩慢、清楚的說：「我夢見，我跟男友走在一起，突然出現『**曾經很溫柔、讓對方覺得有成就感、有點自我中心、玩弄感情勝負**』的我，挽著男友另一側的手。我男友對她輕聲細語的，但是轉過來對我就是冷嘲熱諷的，我跟他抗議，他還很平淡的回我說『妳對我怎樣講話，我就怎麼回妳』。最後我看到的畫面是，我們三個就這樣走在一起，好像定格一樣清楚。」

女孩陷入沉思。

我繼續追問著：「有想到什麼嗎？」

女孩語氣變慢了：「嗯，想到男友會不會眞正喜歡的，是當初那個溫柔、需要被保護的我，可是現在的我很強悍，也不再溫柔，所以他就對我採取『妳對我怎樣講話，我就怎麼回妳』的策略。然後把期待寄託在另一個會溫柔撒嬌的女生身上，也許是學妹吧。」

「哇，妳領悟到很棒的事情耶。」我實在替她很開心，更替我自己感覺到驕傲，畢竟，我剛剛解了一個夢境呢。

「這有什麼好開心的，感覺我們就快要分手了。」女孩此時看起來很落寞。

但是很快的，她又轉爲強勢。「其實也沒有什麼，這男友我也已經有點厭倦了，他要喜歡上別人就送給別人吧。反正我也不缺。而且說到底，他只是愛上以前的我而已。」

「這太浪費夢境了。」我這句話幾乎不加思索地衝出來。

「什麼意思？」女孩說。

我振振有詞地說著：「妳想想看，妳的夢境耗費了許多潛意識的能量，就是希望可以告訴妳重要的訊息，結果妳只看到分不分手什麼的，那多浪費啊？」

「阿姨，我不得不說，妳剛剛的解夢眞的挺厲害的，但是妳也不要眞以爲自己是什麼正義魔人的，我要怎麼做都是我的事吧。」女孩依然故我地說著。

其實我也沒有資格說教，因爲自己第一次接觸解夢師的時候，還比眼前這個年輕女孩更沒有耐心呢。

「其實我上過一些解夢的課。而且我的講義和筆記很詳細喔，如果妳想看，我可以無私分享啊。」

女孩看起來沒有什麼興趣，但是我還是把講義從包包裡拿出來，放在桌上。

「如果有一天，妳領略到夢境探索後的境界，然後照著做，人生就會有咻——旋風般的改變。」我邊說邊誇張的用手臂畫弧線，臉上還帶著詭異的笑容。

年輕女子驚訝地看著我。

我相信每個生命都會爲自己尋找方向，只是每個階段重視的不同。當你需要潛意識的內在指引時，你就會停下來傾聽自己的內心了。

「慢慢來吧。總有一天，妳會懂得自己要的幸福是什麼樣子。」

我給她一個溫暖而信任的微笑，就像當時棕色男子給予我的一樣。

最近我時常感覺到棕色男子的存在——穩定、溫暖且相信自己。那所謂咻——旋風般的改變，持續在我身上一步步發生著。

這一年來，我上了許多設計的課程，甚至考慮要攻讀研究所，所以我減少了花店的工作，增加了到設計所的兼差學習的時間，也等同於打雜工讀生。但是我快樂許多，在工作上更有成就感，每天都學習到新的事物，也交了許多朋友。

而且小灰女現在也是我的好夥伴，當她出現的時候，我不會無意識地變成她，也不會生氣地推開她，我會跟自己說：「沒關係，當別人不認同自己時，我們還是喜歡自己。」所以我變得更成熟，當那個年輕助理女孩強勢地否定我的時候，我只是將她的意見當作一種提議，而不是一種否定，所以同事都很驚訝我可以跟強勢女孩相處。

就連「敏感」這件事情，現在我聽到身邊的人這樣講，都不覺得生氣，反而是種驕傲。因爲這是上天給我獨特的天賦，不是每個人都這樣情緒豐沛、想像力豐富吧。我只是需要找到和這些特質共處的方式，讓這些特質不會干擾到自己或別人。這可能就是常常聽見人家說的：「擁抱了天賦，才更能發揮能力。」

以前我只是抱怨，但是其實當你眞正想改變時，就會嘗試各種的方法來解決困難，雖然沒有完美結局，但至少有機會，更靠近想要的生活，即使辛苦些、經濟拮据些，或者最後沒有如願念完研究所，我都甘之如飴。

因爲心靈的豐沛，是無價的。

「工讀阿姨，那妳知道自己要的幸福，是什麼樣子嗎？」年輕女孩突然認眞問起我來。

「我嗎？」我嚇了一跳，沒想到她會突然這麼問。我陷入一陣思考。

「曾經，我也有過選擇題。一邊是溫柔又多金，還是設計界的大師，但是以自己爲主的男人。另一邊是傳統、負責任、願意投入家庭，但是很無趣、無法溝通的男人。」

「哇！騙人的吧？」年輕女孩把我從頭打量到腳。

「我知道妳在想什麼，『如果是眞的，這阿姨怎麼還窩在這裡打工？』」

「對啊，而且，這選擇題沒什麼好說的吧？當然是選大師啊！除非他變心或死了吧？這是悲傷的愛情故事嗎？」

「呵呵，大部分的人都這麼覺得。但是其實是，後來我誰也沒選。」

女孩睜大了眼睛，不可思議地看著我。她說：「所以還有第三個人選？」

「也不是。是我後來選了一個『願意接受眞實的我』的人。就算我們可能吵架，彼此也無法完全理解對方，但是願意接受對方就是這樣的人；試著理解對方，而不是要對方變成自己想要的樣子；他不懂我，但是會靜靜地在一旁，用他的方式支持我，不會輕易否定我；然後，不管怎麼吵架，他都不會放棄關係。」

「可是工讀阿姨，這一點也不浪漫啊。這很像只是雙方無奈加妥協啊。」

「對啊，兩個如此不同的人，要進入婚姻，本來就不是談談戀愛那樣簡單啦。」

我看著她。「記得，找一個願意接受眞正妳的人，當然，妳也要相對地接受眞正的他。但是所謂的『接受』，不代表可以任性或不尊重，而是願意理解和包容。並且，你們雙方要願意爲關係努力，而不是遇到困難就逃避。

「結婚不是從此幸福快樂，也不是當個終身公主。而是開始學習如何跟對方、跟自己相處一輩子。」我繼續說。

「這太難了，工讀阿姨。我看我還是談談戀愛就好。」年輕女孩揮揮手。

我笑了笑。「慢慢來吧。至少要選到一個也願意爲婚姻關係努力的人，那才値得一起閉關修練啊。如果眞的發現選錯了人，那還是好聚好散吧。」

「咦？工讀阿姨，外面那台中古國產車是不是在等妳啊？裡面那個人一直跟妳揮手。」

「啊，他來了。我不說了，明天見啊。」

「唉，妳最後竟然選一個這麼平凡的人，我還以爲是怎樣的高富帥？」

離開之前，我突然想到了還有一個關鍵：

「對了，有時候試著去做伴侶諮商吧，滿有效的。」

我轉身離開，坐上那台老舊卻舒適的車。

「走吧。」我對著他笑一笑。

他拍了拍我。

附錄一／解夢筆記

心情準備

解夢，是直接面對自己的潛意識。你必須準備好以下的心情：

1. 解夢有可能會連結到以前的回憶或情緒，也可能會勾起不想面對的問題。想要探索夢境的夥伴，必須要準備好開放度和勇氣。如果你覺得還沒準備好要面對，就不要勉強自己。
2. 第一次接觸解夢的初學者，可以先多閱讀一些解夢的案例，讓自己做好心理和知識上的預備。
3. 探索夢境要「主動」參與其中，例如：積極地自由聯想、努力地表達感受、大膽地思考意義等等，不能「被動」等待解夢老師給答案，因為眞正的答案在每個人的內心。
4. 情緒是夢境的第二語言，任何微小的情緒變化都有可能是潛意識的關鍵報告。因此解夢過程要留意情緒的變化，建議探索方式需要面對面的進行。若是自我解析時，需要誠實地寫下所有情緒。
5. 解夢過程費時費神，要留一段安靜思考的時間給自己；解完後也需要一段時間收拾與陪伴心情，要相信自己是最強大的陪伴者。

6. 探索夢境的過程很重要，回到生活中的持續反思和改變行動，也很重要。如此才有可能將發現的意義，運用到生活中，持續自我成長、改變與他人的關係，創造更幸福自在的生活方式。

7. 解夢技巧需要反覆學習與練習，沒有捷徑可以速成，閱讀一遍解夢筆記只是基礎，需要搭配課程和練習才能實用。

8. 若有一天你學會了解夢技巧，切記要尊重他人。解夢不是爲了炫耀自己的能力，也不是製造趣味話題而已，更不能粗魯地揭開他人傷口，也別強迫他人要面對或改變。解夢是爲了幫助自己、幫助他人。

解夢的原理

象徵意義的入門款——繪本的世界

妳／你曾經唸繪本給小孩聽嗎？

如果有個孩子拿著一本關於「噴火恐龍」的繪本來請你念，故事是說有一隻恐龍很愛生氣，牠每次一開口就會噴火，燒到許多東西和周圍的人，所以很多朋友都不敢接近牠，牠覺得很孤單……這樣的故事，你會告訴小孩什麼？

1. 「你拿這個繪本代表明天會有壞事發生？」↓預言派
2. 「現代沒有恐龍了，這只是個故事。」↓務實派
3. 「恐龍生氣噴火，就像是我們發脾氣的時候，可能會傷害到周圍的人或物品。」↓象徵意義派

這跟我們的解夢探索一樣，我們不問這個夢的「吉凶命定預言」，當然也不算命；我們也不說「只是個夢、只是前一天剛好看見了什麼」的務實解釋。我們要做的是「夢境的象徵意義探索」。

所以，夢境也是用很多的比喻的方式，來表達抽象的含意。

講完故事之後你會不會問孩子：「聽完這個故事，你學到了什麼？」這也是我們會問自己的：「探索完這個夢境，我學到了什麼？」

因為，夢境用象徵的方式，呈現各種內在狀態，目的是要我們體會寓意，了解更深層的自己，或釐清糾結的人生狀態。

如果以上的比喻你聽懂了，現在，我們準備打開潛意識的進化版繪本——夢境。如果你還是聽不懂，找個繪本來體會一下吧。

夢境——潛意識創作的藝術品

你可以想像，夢境就是我們內心的潛意識，根據自己「壓抑」的情緒、情結、議題等等，所創作出來的藝術品。

可能是一件件的靜態雕刻，陳列展示著；

可能是進化版繪本，再添加些奇幻元素；

也可能是一部得獎電影一樣，劇情卻沒有邏輯可言。

關鍵就在於每個物件、環節的「象徵意義」，如果你懂了「創作者——潛意識」的用意，找出每個環節的象徵意義，那才有可能心領神會出一番滋味，也是深層理解潛意識的機會。

透過解夢可以獲得什麼成長？

為什麼夢境要費盡心思演出潛意識的狀態讓我們看見呢？看懂了夢境又可以獲得什麼？

□了解深層的自己
□抒發被壓抑的負面情緒
□看見自己的特質，接納後朝向積極面發揮
□看見糾結的關係與互動
□擁抱內在小孩
□停下舊有的無效模式
□陪伴自己的感受
□面對真正的困境

□覺察成長過程的議題和影響
□看見問題解決的方式
□面對內在恐懼
□看見個人對待自己的方式
□看見眞實的渴望
□提醒身心健康的訊息
□獲得內在指引
□預知未來變化，以預備好現在狀態
□看見內在潛能

自我整合——潛意識的最終使命

內在自我指引的最終目的，是希望個體能夠走在自我整合的道路上，也就是每個人都能夠生活得更自在、幸福，更發揮潛能和特色。

□跟身邊的人關係變得更好
□欣賞且接納自己的每個面向

□可以分辨焦慮和積極是不同的
□內心感覺平靜、滿足、喜樂
□不被內心的脆弱點控制
□不被過去的遺憾所困住
□發揮自己的特色和天賦
□能夠靠近自己和身邊的人
□對於無法改變的事實可以釋然
□能夠陪伴自己
□獨處時自在，和他人相處時也自在
□允許不同的自我特質可以共存
□對他人或環境有好的影響力
□肯定自己，提升自信
□身心靈都更加健康

這些，都是重要的方向，也都在自我整合的大道上。

夢境架構

以下我們將先解說夢境的大架構：一、場景，二、人物，三、物品，四、劇情。再呈現解夢的五個步驟，以及象徵意義的探索方式，最後補上本書的兩個夢境案例說明。

一、場景

一般來說，場景會首先揭示主軸線，依著主軸線再對照著劇情演變，可以比較清楚地掌握探索方向。

大致有以下主要分類，以及各自對應的方向：

1.**認得的場景**：揭示主要議題；問題的源頭、發生地；或相關回憶

例如：老家↓此夢境要揭示的主要議題是原生家庭；或者問題的源頭在原生家庭的互動。辦公室↓此夢境要揭示的主要議題是職場議題、成就議題。婚後的小家庭↓此夢境要揭示的主要議題是婚姻關係、家庭關係。

2.**不認得的場景**：需探索個人化的象徵意義

例如：不認識的停車場↓探索出來的個人象徵意義是「將每天的交通工具暫時合理地擺放，稍後再使用。」因此，此場景可能象徵夢者目前「允許行動力擱置」。

3.**場景為密閉空間：代表內在小劇場**

例如：自己的臥房↓夢境演出的劇情是個人內在小劇場（例如：心情上的矛盾、思想上的多慮、立場上的偏見等等）。

4.**場景是開放空間：代表與人際互動有關**

例如：戶外、街道↓和人相處時的主要狀態。

5.**場景是開闊的自然景象：代表心境、心情**

例如：場景是「很遼闊的山坡地，我可以看見遠方的山、白雲，甚至成群的鳥兒飛過。」代表夢者的心境遼闊、平靜、自由。

6.**沒有特別的場景**

有時候夢境會不清楚場景在哪裡，或者沒有場景，而是直接演出劇情，此時則可以跳過場景的探索。

二、人物

人物的解析通常最困難且複雜。有很多的例外或附加條件，通常也十分仰賴解夢經驗。夢中的人物，除了重要他人以外，大多數都是自己的一部分。

可以將人物大致由關係的親疏遠近區分為以下，以及各自對應的方向：

1.重要他人（家人、伴侶、照顧者、生命中重要的人等等）。

象徵與此人的糾結關係、深層議題。或者象徵自己特質的一部分。

例如：夢見老婆，代表著婚姻關係的互動情況。

2.認識或認得，但不是重要他人。

象徵自己被壓抑的特質、狀態，或某種議題。

例如：夢見小灰女，探索後發現是代表自己討好的特質，害怕他人不喜歡自己。

3.不認識也不認得。

被否認的潛意識狀態，通常大好或大壞，可能是無法接受的自己，或是還沒被自己發掘的內在潛能。

例如：夢見瘋子，探索後發現是代表自己內在極端的嫉妒反應，自己無法接受這樣的狀態。

例如：夢見發光的女子，探索後發現是代表自己成長後能夠接納自己，發揮特質與天賦。

4.一群人。

代表社會價值觀、他人的眼光。或是內在防衛機制的干擾。

5.路人。

可能是身體細胞的微意識，通常無須特別關注。但是若有特殊劇情，也可能是反應身體的健康狀態。

【補充說明】

(1)自己：通常夢者自己不需要解析，因爲就是本人，除非有特殊身分或狀態。夢中的自己通常處於一種，介於帶有些現實意識層面，卻又身處在潛意識環境中的自我狀態。所以有時候會想要用符合現實的方式來回應，但是有時候又會有不符合現實的反應。

(2)替身：有時候與重要他人的關係議題，會用替身的方式演出，尤其當此議題讓夢者相當焦慮的時候。替身通常會留下一些關鍵線索（性別、年齡、特徵、個性、生活訊息等等），讓夢者可以循跡發現。

(3)陪伴者：有時候親友的出現像是一般配角，總是陪伴在一旁、卻沒有特殊戲份。這時比較像是夢者已經「內化的陪伴者」（也就是說，已經將他人的陪伴，用一種感受收藏在心中，所以即使他人沒有實際陪伴在旁，也可以感受到一種心理上的陪伴，稱作已經內化的陪伴者）。

(4)角色／稱謂：人物的角色／稱謂也會是象徵的重點，需要進行象徵意義探的探索，不容輕易忽視。

(5)動物：動物在夢中，通常會最接近人物的解析方式，因爲動物經常代表夢者的「眞性情」——爲個性中的一部分，是最天然、最難掩飾、最眞實的部分，有時候也最接近本我和眞實的需求。另一種可能性是「動物的本能或天賦、潛能」，因爲每個人身上都有接近某些動物的本能和天賦，但是社會化的過程中，不一定能夠好好發展這方面的天賦，因此仍然潛伏於潛意識中。

三、物品

夢境裡面的物品，都是自己狀態的一部分。可以想像成我們好似闖入自己的潛意識世界中，在那個世界裡，我們的狀態被當成一個個靜態物件來展示。這樣讓我們有機會可以慢慢欣賞，但也因爲是靜態物品，很容易被夢者忽略帶過。

因此，和人物同樣的，我們必須尋找每個物品背後的個人象徵意義。大致有以下的主要分類，以及各自對應的方向：

1. **不突出，但為重要的擺設／背景**：代表已經融入個性中的部分自我，隱身在長久穩定的人格裡，像是背景一樣不搶戲，大部分時候也並不活躍突出，卻已是個人無法捨棄的一部分。

例如：

停車場裡面有很多「廢棄的車」↓代表夢者有許多放棄的行動力，「妥協後放棄」已經成爲個性中的一部分。

2. **突出的物品**：代表比較強烈的性格部分，或者有個人化的象徵意義。突出的物品通常很容易被夢者注意到，甚至會產生好奇。

例如：

石頭↓代表夢者壓抑自己的敏感個性，把自己變成沒有意見、沒有感受的石頭。

3. **曾經與人物接觸的物品：**代表個人化的象徵意義，並且與夢者的生活現狀相關度很高。

例如：

扳手↓代表夢者認為自己的強項和功能是解決問題、排除困難。

4. **認得的物品：**與某些回憶有關連性，需要藉由自由聯想來探索。

例如：

小提琴↓回憶起小時候被逼著練琴，長大後終於愛上練琴，卻又被迫放棄的喜好。

椅凳↓回憶起具有創造力、情緒敏感又豐沛的自己。

金色玫瑰花↓回憶起自己送的結婚周年禮物（黃金玫瑰花耳環），象徵著想要**改善婚姻關係**。

【補充說明】

(1)型態上的轉變：物品有時候會有型態上的轉變，通常代表著這兩個物品因為某些因素而有的「因果關聯」或者「互動關係」。

例如：安靜的石頭變成椅凳，又變成吵雜的石頭。表示其中有因果關係，因為椅凳（敏感、情緒化）不被他人接受，而把自己壓抑成安靜的石頭（平穩、沒有想法），但是心中不甘心，於是用抱怨的方式來抒發，變成吵雜的石頭（抱怨不停）。

(2)型態上的複合：代表它同時擁有這兩個物品的特性，無法做單一解釋，必須複合解釋才貼切。

通常夢者會覺得是同一個物品。

例如：和石頭共生的植物。代表夢者當時的生命力（植物）與壓抑（石頭）共生著，無法放下壓抑、放下他人眼光而獨自活著。

四、劇情

劇情就是你的「內心戲」。夢境的導演（潛意識）也可能會藉由別人的劇情，或現實生活中的事件來當作編劇素材。不管劇情素材來源爲何，或原創度有多高，都是象徵要演出的內心戲。所以，沒有任何細節是「巧合的」。

包括劇情中的任何動作、時機點、對話、文字、顏色、數字等等，都是精心安排過的，需要逐步的探索。

以下介紹夢境劇情的特色：

1. **劇情轉變是因果關係的呈現**：要十分留意劇情在什麼時候開始有了轉變？出現那些因素劇情轉壞或轉好？出現什麼因素而有情緒的轉變？

例如：「夢者看見石頭中的流水，不自覺的悲傷流淚，此時棕色男子第一次出現。」代表著當夢者接觸到自己的情緒時，「棕色男子——敏感而有自信的自己」才被允許出現。例如：「夢者開始思考關於『是否被家人喜愛』的問題時，棕色男子無端消失，而遠方的鬼怪開始匯集起來，一路追趕夢者跑進小時候的家，然後遇見了小灰女。」代表當夢者擔憂自己不被喜愛時，自信的自己（棕色男子）會消失，且會觸動到最深層的恐懼（擔心被拋棄），因此象徵恐懼的鬼怪會聚集。而這樣的恐懼源自原生家庭（跑進小時候的家），也因此餵養了討好的小灰女的誕生。

2. 元素過多的劇情：當夢境的元素過多，有可能是夢者過於敏感且多慮，也可能是「內在防衛機制」過於活躍，而製造許多煙霧彈來混淆眞相。建議辨識出重要的元素後，再進行象徵意義的探索。

3. 長篇的劇情：有些夢境相當長篇，建議先抓大主軸，或者分小節摘要後再進行探索。也可以針對印象最深、情緒最強烈的部分先行探索，再推論至其他劇情。

4. 分段落的劇情：通常分段落的劇情，就像小說分章節段落一樣，必須看成同一個大主軸下的「過去、現在、未來」、「因爲、所以、然後」等相關連性。

5. 一個晚上，多個夢境：通常同一天晚上做的夢境，所要呈現的主要議題是相同或相關的。

解夢的步驟

解夢的過程大致有以下的步驟，初學者可以依循著步驟逐漸熟悉探索方式。夢中的一切都是潛意識安排好的，劇情出現的因果關聯和先後次序也是很重要的。

一、描述：詳細描述夢境與情緒感受的變化。

- 描述過程若有細節記不清楚或不確定，不需要事後合理的塡入，只需要描述記得的部分即可。
- 情緒是夢境的第二語言，任何微小的情緒變化都有可能是潛意識的關鍵報告。

二、探索：廣泛地探索各部分的象徵意義。

- 依照象徵意義的五種探索方式，將所有的場景、人物、角色、物件、動植物等背後的聯想全部寫下來，此階段不需要做任何的預設立場。

三、篩選：篩選出和自己有關的部分，或者匯集成某些主題。

- 探索完所有的象徵意義後，篩選出與自己有關聯的部分，此標準以夢者的個人主觀爲準，通常夢者會感覺到某些部分特別牽動了情緒的起伏，或者明顯地與生活或個人有關。

四、重構：將圈選的象徵意義結合劇情，重新建構一個帶有內心意義的劇情。

- 此時你可以想像你正在看一部「得獎電影」，並且已經訪談完導演所有的拍攝手法其背後的象徵意義。然後你再看一次電影，必定看懂了更多抽象意涵。

五、思考：思考夢境劇情要傳達的寓意。

- 思考後可以將你的發現寫下來，並且把此夢境放在心上，有時候經過一段時間沉澱，你會有更多的領悟。
- 有時候夢境僅僅是要抒發壓抑的情緒，通常是很難解開的負面情緒，你需要更多的自我陪伴和療癒過程。

象徵意義探索方式

夢中的一切安排，都不會只是碰巧而已，而是有背後的象徵意義。

這些「象徵意義」是相當「個人的」，要透過慢慢探索，沒有絕對的通則，也沒有捷徑。過程需要追根究柢地提問，直到有「個人的象徵意義」為止。

探索象徵意義常用的方式為以下：

尋找方向	問句
A 描述特質／名詞解釋	請用五個形容詞來描述它／他／她。 如果要用個人方式來做名詞解釋，你會怎麼定義它／他／她？
B 尋找特殊性／意義性	它／他／她跟其他同類型的相比有什麼特殊之處？或功能為何？ 對你個人來說，它／他／她有什麼特殊意義？
C 與自己的關聯／相似性	它／他／她和你有關的部分是什麼？ 它／他／她有什麼地方和你相似？
D 相關回憶	它／他／她有讓你回憶起什麼嗎？
E 自由聯想	請從它／他／她出發，自由自在、放鬆地做任何聯想。

探索過程中有可能會回想起過去經驗，也可能激起一些情緒。因爲夢境中所有一切安排的物件，都是根據潛意識所「壓抑」的情緒、情結、議題等等，所創作出來的。

【解夢案例】

絲巾女士（朋友）的夢境：

一、描述：詳細描述夢境與情緒感受的變化。

我夢見我坐在辦公室，有個商業對手突然闖進來，炫耀著自己和我以前喜歡的人在一起，可是卻突然被一個瘋子殺死了，血流如注。我很緊張想要打119救她，可是一直不順利，手機打不通、又找不到出口。後來那個瘋子也想要殺我，我躲在辦公桌下，突然就了解到他是美國派來的，這邊我也不知道爲什麼。最後我被手術刀射中，胸口很痛，就醒來了。

探索對象	尋找方向	問句	回答
	B特殊性／意義性	她和其他對手不同之處、在妳的生活中有特別的意義或角色嗎？	她就是最近突然出現的，一個很強的競爭對手，把我以往的大訂單都搶走了，這是和其他對手都不一樣的地方。我覺得很生氣，但是更多的是擔心。擔心她會讓我的事業走下坡，這些年來我好不容易鞏固了自己的名氣和地位的。
商業對手	A描述特質 C與自己的關聯性／相似	她的特質是什麼？其中和妳相關聯的部分是什麼？包括：與妳相似的特質、有關的回憶、妳想要的、妳討厭的……等等，任何有相關的部分。	她是那種很有自信，很有天賦的人，有點驕傲。和我相關聯的部分就是：我也是有自信、有點驕傲的人，但是，我覺得自己的天賦不夠，我常常很羨慕那些天賦很強的人。事實上是羨慕加嫉妒。
	D相關回憶	你說她「同時搶了妳以前喜歡的對象？」這部分，曾經發生這樣的事情嗎？或是讓妳聯想到什麼回憶嗎？	最近沒有耶。我的感情也沒有特別的變化。如果要說曾經發生的話，那也是遙遠的學生時代，我早就不在意了。但是那種輸家的挫敗感還在……
瘋子	C與自己的關聯性／相似	和妳相關聯的部分是什麼？	瘋狂的羨慕加嫉妒
美國	E自由聯想	請對「美國」做自由聯想。任何想到的事情都可以說，先不用管對錯，因為妳的心會告訴妳。	強國啊，很霸道。然後，跟我有關的回憶是……之前會嫉妒能夠去美國深造的人，還有……我的姊姊，去美國當醫生了。她從小就表現比我好，考上醫學院，又到美國當醫生。

三、篩選：篩選出和自己有關的部分，或者匯集成某些主題。

探索對象	篩選後與自己相關的重要訊息	主題
商業對手	很強的競爭對手，可能打敗我	成就需求和焦慮
	有天賦、自信、驕傲 羨慕加嫉妒那些天賦很強的人	嫉妒與競爭
	曾經輸家的挫敗感還在	嫉妒與競爭
瘋子	瘋狂的羨慕加嫉妒	瘋狂嫉妒
美國	嫉妒能夠去美國深造的人 嫉妒姊姊去美國當醫生，成績表現總是比我好	手足競爭議題

四、重構：將圈選的象徵意義結合劇情，重新建構一個帶有內心意義的劇情。

我夢見我坐在辦公室，有個商業對手（代表有天賦、自信、驕傲，可能會打敗我的人），突然闖進來，炫耀著自己和我以前喜歡的人在一起（引發我的嫉妒議題），可是卻突然被一個瘋子（代表我的瘋狂嫉妒）殺死了，血流如注。我很緊張想要打119救她（意識的現實焦慮），可是一直不順利，手機打不通、又找不到出口（潛意識的矛盾）。後來那個瘋子（瘋狂嫉妒）也想要殺我，我躲在辦公桌下，突然就了解到他是美國派來的（嫉妒的源頭是由手足競爭引發的），這邊我也不知道爲什麼。最後我被手術刀射中，胸口很痛（被手足的身分地位刺到心痛），就醒來了。

五、思考：思考夢境劇情要傳達的寓意。

夢者其實是被自己的嫉妒刺中的，而這個嫉妒是由手足競爭所引發的。並且，這個嫉妒會有想要毀了嫉妒對象的欲望，終究也會傷了自己。

這個夢境可能要讓夢者有所領悟，關於與姊姊手足的糾結議題，會讓夢者產生自卑感，嫉妒更優秀的人，並且想要毀掉或贏過他們，但是沉溺在這樣的議題中，最終傷害到的是自己。

夢者可以問問自己內心，怎麼做會更自在，不被嫉妒議題給綁架了？

夢境常見的高共通性

夢境的象徵意義是因人而異的。但是愈是接近原始大自然或共同文化元素，人類的感受性愈相似，探索出來的個人象徵意義共通性愈高，因此以下的共通性表格可以做爲參考。但是，仍然要留意例外的存在。相對地，離原始大自然愈遙遠的元素，共通性通常愈低。

一、原始大自然元素舉例：

大自然元素	可能的象徵意義
大量的水	負面情緒
天氣變化	心情狀態的轉變
植物	生命力
動物	個人真性情的部分
森林	原始狀態
地震	爭吵
火	熱情、破壞
風；颶風	思想；具破壞性的思想
風景	心境

二、文化元素舉例：

文化元素	可能的象徵意義
鬼怪	深層的恐懼
神明	內在的智慧與指引；安定的力量
發光	內在能量
寶石	內在潛能；自我價值
錢幣、硬幣、古代金錢	自我價值；自信
現金	需付出的代價；經濟壓力
古代景象	源頭；原生家庭議題
不知名的建築物	個人內在狀態
地下室	潛意識
火車	旅程
交通工具	行動力
鏡子	照出真實的自己
懷孕	創造新生命或階段；醞釀新事物
結婚	婚姻議題；結合、整合自我；黏膩的關係
戰爭	內在混亂

【解夢案例】

踢館男子（先生）的夢境：

一、描述：詳細描述夢境與情緒感受的變化。

那個不知名建築物開始從頂樓進水，我趕緊拿著各種工具（一個扳手）、長梯，爬上去修理，剛開始滿有用的。但是後來，又突然爆開，我被水淹沒，一邊掙扎著，一邊擔心我的家人怎麼辦？但是我卻看到他們輕輕鬆鬆地浮在水上聊天。卻沒有發現我快要淹死了。……然後最後的水面上，飄著一朵金色的玫瑰花。

高共通性的部分：

‧大量的水↓代表負面情緒，夢者累積許多負面情緒，可能是孤單、無助或悲傷。

‧不知名的建築物↓代表個人內在狀態，加上後來出現老婆與小孩，以及夢者努力想要修復房子，推論爲內在的家庭議題。

二、探索：廣泛地探索各部分的象徵意義。

探索對象	尋找方向	問句	回答
扳手	E自由聯想	請對「扳手」做自由聯想，任何想到的回憶都可以說。	很好用的工具。
金色的玫瑰花	D相關回憶	請對「金色的玫瑰花」做聯想，任何想到的回憶都可以說。	夢幻的女生 我老婆她比較夢幻，常常說婚姻關係想要怎樣的。她想要浪漫，所以我一定要記得結婚紀念日要買禮物送她。我去年才送了一對黃金玫瑰花耳環……但是她還是不滿意，我怎樣都修不好婚姻關係。我真的不知道她要什麼。

三、篩選：篩選出和自己有關的部分，或者匯集成某些主題。

探索對象	篩選後與自己相關的重要訊息	主題
不知名的建築物裡有老婆、小孩	家庭議題	家庭議題
大量的水	悲傷的情緒	悲傷的情緒
扳手	好用的工具	理性解決問題的思考方式
金色的玫瑰花	老婆想法比較浪漫，我不知道她要什麼，我怎麼樣都修不好	婚姻困境

四、重構：將圈選的象徵意義結合劇情，重新建構一個帶有內心意義的劇情。

那個建築物（家）開始從頂樓進水（悲傷情緒），我趕緊拿著各種工具、扳手（理性解決問題的思考方式）、長梯，爬上去修理，剛開始滿有用的。但是後來，又突然爆開，我被水（悲傷情緒）淹沒，一邊掙扎著，一邊擔心我的家人怎麼辦？但是我卻看到他們輕輕鬆鬆地浮在水上聊天，卻沒有發現我快要淹死了……然後最後的水面上，飄著一朵金色的玫瑰花（婚姻困境）。

五、思考：思考夢境劇情要傳達的寓意。

夢者習慣很理性的處理情緒，但是對於大量的情緒，如果只是理性的分析，是無法解決的。就像夢者面臨的婚姻關係一樣。

這個夢境顯示，夢者用理性的工具想要修復婚姻的衝突，但是卻很無助，負面的情緒淹沒了夢者。夢者和其他家人——主要是老婆，身在同一個屋簷下，卻有著遙遠的距離，心裡很孤單。並且，擔心家就要垮了。

解夢探索後帶出的深層議題，通常是無法立刻找到解決方式的，但是不要心急，重點是我們看見了自己之後，要如何真實的面對自己、接納自己，然後更自在的生活。

自在塗畫

塗畫的方式沒有規則，像小時候一樣自由自在的塗畫，只要你專注感受此刻的心情，畫筆自然知道該帶著你往哪裡去，該怎麼移動、何時轉彎、用怎樣的力道，畫面會隨著心情而逐漸出現，你的情緒也隨之不斷地流洩出來。塗畫沒有所謂的美醜、對錯、像不像的問題，就是心情的展現。

由於線條和顏色比起文字，更難理性的操控，因此通常會讓個人逐漸放鬆，釋放出更多的情緒，也可能提高探索潛意識的開放度。

放鬆階段

- 找個安靜不會被打擾的時間（大約三十分鐘）。
- 放鬆自己，深呼吸或聽些輕音樂。
- 閉上眼睛，感受現在的心情。
- 心中漸漸浮現一種顏色。
- 張開眼睛，選到適合的顏色，用非慣用手在紙上塗畫。
- 當畫筆接觸到紙張時，就不要再離開。
- 自由自在的塗畫，讓畫筆帶著你流洩心情。

畫夢階段

- 再次閉上眼睛，回想一遍夢境。
- 開張眼睛，用自己的方式將夢境畫出來。
- 一邊畫一邊留意自己心中的各式感受。
- 直到感覺抒發或滿足了，自然知道可以停筆。
- 看著夢境的圖畫，寫下過程的心情，或者畫完後的心得與發現。

自由書寫

意識的流動，就像河流源自深山的潛意識中，一路從山谷沖刷下來，潛意識夾雜在其中，卻被沿途理性的過濾機制層層篩選、修飾、把關後，你才看見合理的樣貌，卻已經看不見潛意識的原本樣子。

因此，自由書寫所強調的，是讓意識河流自在地流動。不需要特別啓動理性、控制的部分，因爲，當理智過濾得愈少，我們才愈有機會發現被壓抑的內容。

書寫停下來的瞬間，理性的過濾機制會趁機大發揮。因此不要間斷是很重要的。

隨心所欲、不間斷地書寫，不需要顧慮書寫的結構、內容、對錯、邏輯、意義等問題，但是要留意書寫過程不要停頓。

- 找個安靜不會被打擾的時間（大約三十分鐘）。
- 放鬆自己，深呼吸或聽些輕音樂。
- 閉上眼睛，重新回想一遍夢境。
- 開張眼睛，拿起筆想到什麼就寫什麼，自由地寫出自己的感受和想法。
- 可以緩慢書寫但是不要停止。
- 直到感覺滿足或完成某階段，自然知道可以停筆了。
- 再看一次剛剛書寫的內容，將有感觸的部分標示出來。或是接續寫下心得與發現。

【小訣竅】

1. 書寫內容沒有限制，不用顧慮合理性、連貫性或有沒有跟夢境相關，也不需要交代事件始末。著重在感覺的流洩，彷彿藉著一支筆來傾訴心情即可。

2. 一開始，自由書寫可能會被很多腦中的聲音干擾（例如掛心著生活瑣事、擔心被評價、覺得寫這個很無聊等等）。此時仍然要提醒自己專注在書寫上即可。

3. 書寫時可以緩慢但是不要停止。如果眞的不知道要寫什麼，就重複寫上一句話，重複幾遍都可以，直到下一句話又自動冒出爲止。

附錄二／參考書目

- 《超凡之夢：激發你的創意與超感知覺》（2011），克里普納、柏格莎朗、迪卡瓦荷（Stanley Krippner, Fariba Bogzaran, Andre Percia de Carvalho）著，心靈工坊。
- 《榮格解夢書：夢的理論與解析》（2006），詹姆斯·霍爾博士（James A. Hall, M.D.），心靈工坊。
- 《解夢，也是一種力量：如何透過「新時代」的解夢技巧，來自我療癒和成長？》（2012），蓋兒·戴蘭妮（Gayle Delaney），人本自然文化。
- 《潛入夢境，挖出最棒的你》（2011），特瑞莎·杜克特（Therese E. Duckrtt），橡實文化。
- 《夢的解析》（2010），佛洛伊德（Sigmund Freud），左岸文化。
- 《夢境·巧合·想像力》（2010），羅柏·摩斯（Robert Moss），尖端。
- 《你是做夢大師：孵夢·解夢·活用夢》（1994），蓋兒·戴蘭妮（Gayle Delaney），張老師文化。

附錄三／延伸閱讀

- 《積極想像：與無意識對話，活得更自在》（2017），瑪塔．提巴迪（Marta Tibaldi），心靈工坊。
- 《高山寺的夢僧：明惠法師的夢境探索之旅》（2013），河合隼雄，心靈工坊。
- 《夢是靈魂的使者》（2011），申荷永著，心靈工坊。
- 《塗鴉與夢境》（2007），溫尼考特（Donald W. Winnicott），心靈工坊。
- 《心理醫生幫你解夢：人生的疑惑和困境，第一個暗示你答案的是夢境。整合榮格心理學、次人格分析，醫師助你趨吉避凶》（2018），克里斯多福．索頓（Christopher Sowton），大是文化。
- 《一字一句，靠近潛意識：十個解夢對話實錄〔隨書贈「解夢紀錄片DVD」〕》（2017），黃士鈞（哈克），張老師文化。
- 《你的夢，你的力量：潛意識工作者哈克的解夢書》（2015），黃士鈞，方智。
- 《穿越夢境，遇見最眞實的自己》（2012），王榮義作、楊惠君採訪撰文，天下雜誌。
- 《解讀孩子的夢境》（2011），羅洪．拉頌斯（Laurent Lachance），稻田。
- 《當下，與你眞誠相遇：完形諮商師的深刻省思》（2009），曹中瑋，張老師文化。
- 《喪慟夢》（2007），蘇絢慧。張老師文化。

心靈工坊 PsyGarden

Story 020

夢，沉睡的療癒力：從解夢到自我追尋

Arousing the power of dreams : a story about self-awakening from unconsciousness

作者：李香盈

出版者—心靈工坊文化事業股份有限公司
發行人—王浩威　總編輯—徐嘉俊
責任編輯—黃心宜
封面繪圖—林玉鈴
通訊地址—106台北市信義路四段53巷8號2樓
郵政劃撥—19546215　戶名—心靈工坊文化事業股份有限公司
電話—02) 2702-9186　傳真—02) 2702-9286
E-mail—service@psygarden.com.tw　網址—www.psygarden.com.tw

製版・印刷—中茂製版印刷股份有限公司
總經銷—大和書報圖書股份有限公司
電話—02）8990-2588　傳真—02）2990-1658
通訊地址—248新北市五股工業區五工五路二號
初版一刷—2018年9月　初版二刷—2023年1月
ISBN—978-986-357-131-5　定價—350元

國家圖書館出版品預行編目資料

夢，沉睡的療癒力：從解夢到自我追尋／李香盈作.
-- 初版. -- 臺北市：心靈工坊文化, 2018.09
面；公分.--（Story ; 20）
ISBN 978-986-357-131-5（平裝）

1.解夢　2.自我實現

175.1　107015854

心靈工坊 PsyGarden 書香家族 讀友卡

感謝您購買心靈工坊的叢書，爲了加強對您的服務，請您詳填本卡，
直接投入郵筒（免貼郵票）或傳眞，我們會珍視您的意見，
並提供您最新的活動訊息，共同以書會友，追求身心靈的創意與成長。

書系編號－ST 020　　書名－夢，沉睡的療癒力：從解夢到自我追尋

姓名　　是否已加入書香家族？ □是 □現在加入

電話（公司）　（住家）　手機

E-mail　生日　年　月　日

地址 □□□

服務機構 / 就讀學校　職稱

您的性別—□1.女 □2.男 □3.其他

婚姻狀況—□1.未婚 □2.已婚 □3.離婚 □4.不婚 □5.同志 □6.喪偶 □7.分居

請問您如何得知這本書？

□1.書店 □2.報章雜誌 □3.廣播電視 □4.親友推介 □5.心靈工坊書訊
□6.廣告DM □7.心靈工坊網站 □8.其他網路媒體 □9.其他

您購買本書的方式？

□1.書店 □2.劃撥郵購 □3.團體訂購 □4.網路訂購 □5.其他

您對本書的意見？

封面設計	□ 1.須再改進	□ 2.尚可	□ 3.滿意	□ 4.非常滿意
版面編排	□ 1.須再改進	□ 2.尚可	□ 3.滿意	□ 4.非常滿意
內容	□ 1.須再改進	□ 2.尚可	□ 3.滿意	□ 4.非常滿意
文筆／翻譯	□ 1.須再改進	□ 2.尚可	□ 3.滿意	□ 4.非常滿意
價格	□ 1.須再改進	□ 2.尚可	□ 3.滿意	□ 4.非常滿意

您對我們有何建議？

本人同意　　（請簽名）提供(真實姓名／E-mail／地址/電話等資料)，以作為心靈工坊（聯絡／寄貨/加入會員／行銷／會員折扣等）之用，詳細內容請參閱 http://shop.psygarden.com.tw/member_register.asp。

廣　告　回　信
台北郵局登記證
台北廣字第1143號
免　貼　郵　票

心靈工坊 PsyGarden

台北市106 信義路四段53巷8號2樓

讀者服務組　收

免　貼　郵　票

（對折線）

加入心靈工坊書香家族會員
共享知識的盛宴，成長的喜悅

請寄回這張回函卡（免貼郵票），
您就成爲心靈工坊的書香家族會員，您將可以——

⊙隨時收到新書出版和活動訊息

⊙獲得各項回饋和優惠方案